Gustav Theodor Reichelt

Die Himalaya-Mission der Brüdergemeine

weitsuechtig

Gustav Theodor Reichelt

Die Himalaya-Mission der Brüdergemeine

ISBN/EAN: 9783943850994

Auflage: 1

Erscheinungsjahr: 2013

Erscheinungsort: Bremen, Deutschland

@ weitsuechtig in Access Verlag GmbH. Alle Rechte beim Verlag und bei den jeweiligen Lizenzgebern.

weitsuechtig

Die
Himalaya-Mission
der
Brüdergemeine.

Von
E. Th. Reichelt.

Mit 19 Bildern.

Gütersloh.
Druck und Verlag von C. Bertelsmann.
1896.

Im oberen Sotledschthal.

Inhalt.

	Seite
Einleitung	5
Aussendung von zwei Sendboten zu den Mongolen	7
Vorbereitung in Kotgur und Auswahl eines Platzes	12
Die Station Kyelang	16
Missionar Jäschke und die tibetische Sprache	25
Die Thätigkeit der Kyelanger Missionare und ihre Früchte	36
Der Lamaismus ein Haupthindernis	40
Die Zweigstation von Kyelang	48
Die Station Pu	50
Die Zweigstation von Pu	64
Die Station Leh	66
Zeiten der Heimsuchung für Leh	73
Rückblick und Ausblick	83

Einleitung.

Die von der Brüdergemeine an der Westgrenze von Tibet vor 40 Jahren unter den Bewohnern einiger Himalayathäler begonnene Mission verdient die Beachtung der Missionsfreunde in hohem Grade, weil sie der erste ernstliche Versuch ist, die Buddhisten Inner-Asiens zu christianisieren und Tibet dem Evangelium zugänglich zu machen.

Zwar hat diese Missionsunternehmung bisher wenig äußeren Erfolg gehabt, aber es sind doch drei kleine Christengemeinen gesammelt worden, und es ist mancherlei vorbereitende Arbeit geschehen, auch in Bezug auf Tibet, und die bei allen Schwierigkeiten gleichbleibende freudige Thätigkeit der Himalaya-Missionare erweckt unsere Bewunderung und erfüllt uns mit Teilnahme für diese unermüdlich weiterkämpfenden christlichen Streiter.

Dieses 1857 angefangene Missionswerk war nicht der erste Versuch der erneuerten Brüderkirche, den mongolischen Buddhisten das Evangelium zu bringen. Zinzendorf und die durch eine außerordentliche Geistestaufe geeinigte und gestärkte Herrnhuter Gemeine wollten im Feuer der ersten Liebe am liebsten die ganze Welt für den Heiland gewinnen und sandten überallhin Boten aus, um für das Reich Gottes zu wirken.

Schon 1734 ging der erste Sendling nach dem östlichen Rußland, und bis 1750 wurden dreimal Botschafter zu den Kalmücken und den westlichen Mongolen gesandt. Aber sie alle wurden zurückgewiesen, meistens ehe sie noch ihr Ziel erreicht hatten, und einige wurden auch in Rußland ins Gefängnis geworfen. Erst nach der Gründung der Brüdergemeine Sarepta an der Wolga (1765) konnten unter den östlich davon wohnenden Kalmückenhorden neue Missionsversuche gemacht werden, die aber nicht viel Erfolg hatten. Eine im Herrnhuter Archiv befindliche handschriftliche kalmückisch-mongolische Grammatik von Chr. Fr. Gregor ist ein Denkmal aus jener Zeit.

1815 nahm jedoch diese Kalmücken-Mission einen neuen Aufschwung, und die Missionare Schill und Hübner konnten gegen 20 Christen sammeln. Die russische Regierung verbot aber 1822 den Sareptanern jegliches Missionieren unter den Kalmücken und zwang die wenigen Christen in die griechische Kirche hinein.

Etwas glücklicher waren um jene Zeit die Missionare Stallybraß und Swan von der Londoner Missions-Gesellschaft, welche 1817 bis zu den buddhistischen Buriäten beim Baikalsee vordringen, bis 1841 daselbst thätig sein, etwa 30 Christen zu einer Gemeine sammeln und die Riesenarbeit der Übersetzung der ganzen Bibel ins Mongolische und auch des Druckes derselben vollenden konnten. Da mußten sie aber auf Befehl des Kaisers Nikolaus ihr eben im Aufblühen begriffenes Werk verlassen, und ihre Pflegebefohlenen mußten griechisch werden. Nur einige Grabhügel und zwei Blockhäuser fand 1871 der Mongolenmissionar Gilmour bei Selenginsk noch vor, als einzige Überreste der mit großer Aufopferung und christlichem Heldenmut unternommenen und fortgeführten Mission unter den Buriäten.*)

---

*) Näheres über diese Missionsunternehmung findet man in Gilmour's ausgezeichnetem Werk „Among the Mongols", aus welchem Schreiber dieses die Angaben über die Buriäten-Mission zusammengestellt und vor sechs Jahren in Dr. Warneck's Allg. Miss.-Zeitschrift veröffentlicht hat.

Aussendung von zwei Sendboten zu den Mongolen.

Neun Jahre nach der gewaltsamen Aufhebung dieses schönen Werkes trat an die Brüdergemeine die Aufforderung heran, die schon früher versuchte Missionsarbeit unter den Mongolen noch einmal ernstlich in Angriff zu nehmen, und zwar jetzt in der nordöstlich von China sich ausdehnenden Mongolei. 1850 kam nämlich der Chinesen-Missionar Gützlaff nach Herrnhut und forderte die Missionsleitung der Brüdergemeine dringend zur Mongolen-Mission auf.

Gützlaff's Bitte fand williges Gehör. Die Missionsleitung erließ ein Schreiben über diese wichtige Unternehmung und forderte diejenigen Brüder auf, sich zu melden, welche sich nach reifer Prüfung zum Dienst an dieser Mission für tüchtig hielten. Es erfolgten viele Meldungen, und es wurden schließlich zwei begabte Laienbrüder ausgewählt, Eduard Pagell und Aug. Wilh. Heyde, welche sich unter Anleitung von H. A. Zwick*) mit der mongolischen Sprache bekannt zu machen und bei einem Arzt und in der Berliner Charitee einige medizinische und chirurgische Kenntnisse zu erwerben suchten und dann getrosten Mutes im festen

---

*) H. A. Zwick, früher Ortsvorsteher von Sarepta, hatte die kalmückisch-mongolische Sprache erlernt und ein kalmückisch-mongolisch-deutsches Wörterbuch von 400 Quartseiten, nebst einem deutsch-kalmückischen Wortverzeichnis (81 S.), sowie eine Grammatik der westmongolischen oder kalmückischen Sprache verfaßt (174 S.), welche beide Werke 1852 in schöner lithographierter Ausgabe erschienen.

Blick auf die Schneekette des Himalaya von Simla aus.

Vertrauen auf die Durchhilfe ihres Herrn und Heilandes auszogen. Am 13. Juli 1853 verließen sie Herrnhut, schifften sich am 1. August auf einem englischen Segelschiff ein und erreichten am 23. November Kalkutta.

Warum aber landeten sie in Kalkutta? Warum gingen sie über Ostindien, wenn sie der Mongolei, also dem Nordosten Asiens zustrebten? Diese Fragen beantworten sich durch die damaligen Zeit- und Verkehrsverhältnisse. Der am nächsten liegende Landweg durch Rußland und Sibirien war ihnen dadurch versperrt, daß die russische Regierung den angehenden Mongolen-Missionaren entschieden Pässe und Durchgang verweigerte. Der heutzutage bequeme und ganz kurze Weg über Peking und Kalgan in die Mongolei konnte damals auch nicht benutzt werden, weil China nur an einigen Küstenplätzen für die Europäer offen war. So blieb also der Missionsleitung nichts übrig als den zwei Sendboten die freilich von vornherein unausführbare Marschroute zu geben, daß sie versuchen sollten durch Tibet bis zur Mongolei vorzudringen, und darum sehen wir sie in Ostindien landen, um von da aus wo möglich nach Tibet und dann nordwärts weiterzukommen.

Wir können auch hinterdrein diese scheinbar verfehlte Weg-Anweisung keineswegs tadeln, sondern müssen vielmehr für die gnädige göttliche Fügung dankbar sein, daß auf diese Weise die Missionare gerade an den richtigen Platz kamen, nämlich zu mongolischen Buddhisten im westlichen Himalaya, wo sie ein zwar schwieriges aber immer noch viel aussichtsreicheres Arbeitsfeld fanden, als ihnen in der Mongolei zu teil geworden wäre, aus welcher drei Jahrzehnte später der sehr begabte und eifrige Londoner Missionar Gilmour, nach zehnjähriger aufopferungsvoller Arbeit, mit einem einzigen gewonnenen Christen völlig

Die Missionsstation Kotgur auf den Vorbergen des Himalaya.

mutlos und an der Christianisierung der Mongolei verzweifelnd nach Kalgan zurückkehrte.

Wir verfolgen nun die Weiterreise der Brüder Pagell und Heyde von Kalkutta aus. Zu der damals noch langsam vor sich gehenden Reise durch das Ganges-Thal und Nord-Indien waren sie gerade in der günstigsten Jahreszeit angekommen, denn von Mitte November bis Mitte Februar ist ja die Gluthitze der indischen Ebene soweit gemildert und abgekühlt, daß man ohne Beschwerde in derselben reisen kann. Sie kamen auch ohne Unfall in dem 2180 m hoch gelegenen Simla an, der bekannten Gesundheitsstation und Sommer-Residenz der indischen Regierung, und machten daselbst die Bekanntschaft einiger Missionsfreunde, und im April 1854 erreichten sie das fünf Tagereisen*) nördlich davon und 10 km südlich vom Sotledsch gelegene Kotgur.

---

*) Eine Tagereise oder ein Tagemarsch ist gleich 9 bis 12 englische Meilen (14 bis 19 km).

Vorbereitung in Kotgur und Auswahl eines Platzes.

Hier in Kotgur wurden sie von dem englisch=kirchlichen Missionar Prochnow, den sie schon in Deutschland kennen gelernt hatten, aufs freundschaftlichste aufgenommen und von ihm in die Missionsarbeit überhaupt und auch in die im West=Himalaya geredeten Sprachen, besonders das Hindustani oder Urdu (Horden= Sprache), eingeleitet. Diese seit der Herrschaft der Mongolen im nördlichen Indien eingeführte Sprache hat etwa 40—50 Prozent von Hindi=Wörtern durch arabische, persische und türkische Aus= drücke ersetzt und neuerdings auch viele englische aufgenommen. Sie wird meistens mit persischer Schrift geschrieben, während das Hindi, diese echte Tochter des Sanskrit und fast in ganz Ostindien verbreitete Sprache, stets mit den, dem Sanskrit= alphabet (Devanāgari=Zeichen) verwandten indischen Schriftarten geschrieben wird.

Da hatten nun unsere zwei Sendboten in dem ersten in Kotgur verbrachten Jahr genug Kopfarbeit zu bewältigen, denn außer Hindustani und Hindi trieben sie auch das Mongolische weiter und suchten sich das Tibetische anzueignen, und sie waren gewiß ganz froh, als sie im Frühjahr 1855 nach dem unaus= gesetzten Sprachenlernen eine große Rekognoszierungsreise antreten konnten, welche sie ihrem Ziele näher bringen sollte.

Den Sotledsch und dann den bequemen schön bewaldeten Dschaloripaß (3000 m) überschreitend, gelangten sie in das von verschiedenen Hindustämmen und vereinzelten Tibetern be=

Ein Hochgebirgsthal im Himalaya.

völkerte Ländchen Kulu und am Biasfluß hinauf, über Sultanpur und Nagar zum Rotangpaß (4114 m), von welchem sie in das auch noch unter englischer Botmäßigkeit stehende, vom Tschandra (Mondfluß) und Bhaga (Glücksfluß) durchströmte Gebirgsländchen Lahul hinabstiegen. Dieses in nördlicher Richtung am Bhaga hinauf durchwandernd, kamen sie zum Baralatscha-Paß (über 16 000′) und dann auf das zu Kaschmir gehörende Hochgebirgsplateau Rupschu, in welchem der Ladschuling- und Taglangpaß (17 und 18 000′) zu überschreiten waren. Nun waren sie im breiten Thal des obern Indus und in dem großen Gebiet Ladāk mit der Hauptstadt Leh, welches zehn Jahre vorher von Gulab Singh dem Herrscher Kaschmirs erobert und dem letzten Ladaker-König abgenommen worden war.

Von hier mußten sie sich nun ostwärts wenden und versuchen, in Tibet einzudringen. Es ging ihnen aber wie andern Reisenden auch. Sie konnten wohl über die Grenze und auch ein wenig ins Land hineingehen, aber dann wurden sie zurückgewiesen und genötigt, das chinesische Tibet zu verlassen. Auf einer andern Seite den Versuch zu erneuern, wäre vergeblich gewesen, und so mußten sie denn im Herbst wieder nach Kotgur zurückgehen, da ihnen auch von der Kaschmir-Regierung nicht gestattet wurde, sich in Leh oder sonst wo in Ladak niederzulassen.

Wir sehen also die beiden Brüder einen zweiten Winter (1855—1856) in Kotgur verbringen, wo sie sich in den Sprachen weiter übten, jetzt mit Wegfall des Mongolischen, und sich mit Missionar Prochnow und mit der heimischen Missionsleitung berieten, was nun weiter zu thun sei.

Jedenfalls konnten und wollten sie nicht in die Heimat zurückkehren, ohne etwas unternommen zu haben, und sie mußten daher versuchen, unter den größtenteils buddhistischen und mongolischen Bewohnern des westlichen Himalaya, dicht an der Grenze von Tibet, eine Thätigkeit zu beginnen.

Es kamen da besonders die Gebiete Ladak, Rupschu, Lahul und Baschahr (auch Bussahir geschrieben und auf Karten Kunawur genannt) in Betracht. Ladak war ihnen zunächst verschlossen. Die gegen 10 000 qkm große Hochebene Rupschu, die Südostecke des Kaschmir-Reiches, eignete sich in keiner Weise für eine Niederlassung, denn im Sommer halten sich in den 15 000' hohen, weiten Thalflächen dieses Gebietes nur etwa 500 öfters die Plätze wechselnde Nomadenhirten auf, und im Winter giebt es daselbst gar keine Menschen, da selbst diese abgehärteten Mongolen dann das etwas wärmere obere Industhal aufsuchen müssen. Baschahr oder Kunauer besteht fast nur aus dem gegen 200 km langen, tiefeingeschnittenen oberen Sotledschthal von Kotgur bis Schipke, hat am Ostende ein Dutzend kleine Dörfer mit buddhistischen tibetischen Einwohnern, und der Zugang zu dieser Ostecke ist im Winter oft schwierig oder ganz gesperrt. Auch dieses Gebiet empfahl sich daher nicht für eine erste Missionsstation.

Die Station Kyelang.

Es blieb also nur Lahul übrig, mit seinen größtenteils buddhistischen und Tibetisch sprechenden oder wenigstens verstehenden Bewohnern, und dahin wandten sich also im Frühjahr 1856 die zwei Brüder, um sich zunächst eine Wohnstätte auszusuchen und dann wo möglich unter den mit Hindus vermischten Buddhisten Lahuls das Christentum zu verbreiten. Ehe wir aber ihre ersten schwierigen Anfänge kennen lernen, möchten wir einen Blick werfen auf das Gebirgsland, in welchem sie nun leben und wirken sollten.

Lahul liegt unter der Breite von Algier und Unter-Agypten, aber seine Thäler sind 10 bis 11000' hoch, die Baralatschakette im Norden und die Rotangkette im Süden erheben sich noch gegen 10000' über die Thalsohlen, und die ganze Osthälfte des Landes besteht aus einer vom Tschandra umflossenen und von 20 großen Gletschern bedeckten und durchzogenen wilden Gebirgswüste. Die Temperatur von Lahul ist daher eher niedriger und das Klima rauher als in Deutschland und der Schneefall sehr bedeutend. Der Rotangpaß ist manchmal monatelang durch Schneemassen gesperrt, zuweilen schon im Oktober, denn 1862 z. B. kamen in diesem Monat 72 Straßenarbeiter, welche über den Paß gehen wollten, in einem Schneesturm ums Leben.

In diesem rauhen Gebirgsland wohnen nun nicht viel über 6000 Menschen, aber das ist wohl auch die höchste Zahl, die das arme Land ernähren kann und die in den engen Thälern

Die Station Kyelang.

Platz hat, denn das Tschandrathal besteht zuerst nur aus einer jeden Anbau ausschließenden Schlucht, und erweitert sich erst kurz vor dem Zusammentreffen mit dem Bhaga so viel, daß an den steilen Abhängen Wohnungen errichtet werden können und kleine Weiler Platz finden.

In Ober-Lahul gehört die Mehrzahl der Bewohner der mongolischen Rasse an, spricht oder versteht Tibetisch und bekennt sich zum Buddhismus, oder, wie man richtiger sagt Lamaismus, denn in Tibet sowohl als in den westlichen Grenzgebieten sind ja die zahlreichen zu einem festen Bund zusammengeschlossenen Lamas, neben denen die vollständig abhängigen und geknechteten Laien gar nicht in Betracht kommen, die eigentlichen Repräsentanten des Buddhismus, ja Buddhas selbst, denn jeder Lama ist gewissermaßen ein in die Sichtbarkeit getretenes Teilchen des großen Heiligen.

In dem von Tschandra-Bhaga durchflossenen, Mantschat genannten Unter-Lahul finden sich neben den Tibetern schon viele Hindus, und es ist also in diesem ziemlich stark bevölkerten Tschandra-Bhagathal auch der Brahmanismus vertreten. In einem an der Grenze von Lahul gelegenen Wallfahrtsort reichen sich sogar beide Religionen die Hand, denn hier strömen Tausende von Pilgern aus Tibet und Indien zusammen und beten das Götzenbild Trilognath (Herr der drei Welten) an.

Unter diesen Leuten wollten sich also die Brüder Pagell und Heyde niederlassen und wählten im Frühjahr 1856 am rechten Ufer des Bhaga im Dorfe Kyelang eine geeignete Stelle zu ihrem Wohnsitz aus. Am 16. Mai fällten sie den ersten Baum für ihr künftiges Wohnhaus und begannen in Gottes Namen den Bau, für welchen ihnen die englischen Behörden 50 Fichtenstämme bewilligten. Die anfangs nicht un-

Aussicht oberhalb der Station Kyelang.

freundlichen Dorfbewohner halfen willig beim Bau, selbst einige
Lamas schleppten Bausteine herbei, und die Brüder selbst griffen
natürlich tüchtig mit an, aber sie konnten dennoch das
Haus bis zum Winter nicht fertig bekommen und mußten im
Spätherbst zum dritten Mal ihren alten Zufluchtsort Kotgur
aufsuchen.

Ehe sie aber im Frühjahr 1857 sich wieder dem Rotang=
paß und Kyelang zuwandten, stieß noch in Kotgur, im März,
ein werter Kollege zu ihnen, der dritte im Bunde, den die
Missionsleitung ihnen nachgeschickt hatte, hauptsächlich um ihnen
bei Bemeisterung der zu erlernenden Sprachen kräftige Hilfe zu
leisten. Es war dies der aus Herrnhut gebürtige, in gerader
Linie von einer mährischen Exulanten=Familie abstammende
Heinrich August Jäschke, der hier auch bald reichliche Gelegenheit
fand, sein Sprachtalent zu verwerten. Ehe wir uns aber mit
seinen Sprachstudien und Leistungen beschäftigen, wollen wir
erst die Vollendung des Hausbaues in Kyelang und die Er=
richtung dieser ersten Missionsstation im Himalayagebirge in
kurzer Darstellung vorführen.

Zu dreien gingen also die Brüder im April 1857 ins
Lahuler Thal und vollendeten in Kyelang das ziemlich geräumige
Wohnhaus, von welchem man in dem beigegebenen Bild die
Giebelseite sieht. Der Anbau links vom Hauptgebäude und die
Nebengebäude im Vordergrund sind nach und nach später ent=
standen und dienen verschiedenen Zwecken. Die hohen Schnee=
berge im Hintergrund schließen das Tschandra=Bhagathal ein,
und der links aufsteigende dunkle Berg liegt am linken Ufer
des 1000' unterhalb Kyelang strömenden Bhagaflusses. Rechts
und nördlich von der Station (auf dem Bilde nicht sichtbar)
steigt das Terrain bedeutend an, und da liegen, wohl 500 m

Maskierte Lamas des Himisklosters.

höher als das Dorf, die ausgedehnten Ländereien, eine große von dem nahen Gletscher ausgehende Wasserleitung und eine Meierei der Missionsstation. Auch das Kloster Schestorg befindet sich da oben, mit nur wenigen Lamas, aber sehr vielen Gebetsmühlen, Buddha-Figuren und Götzen, Heiligenbildern, Schreckensmasken*) und anderem buddhistischen Plunder.

Nun nach Beendigung der nötigsten Bauarbeiten, und auch schon während derselben, suchten die Brüder mit den sie umgebenden Thalbewohnern nach und nach Fühlung zu bekommen und Verbindungen anzuknüpfen und sich auch dabei allmählich die Umgangssprache anzueignen. Das letztere hatte nun freilich seine Schwierigkeiten, weil in Lahul außer dem Tibetischen und dem Hindustani auch noch drei Dialekte gesprochen werden, von denen allerdings zunächst nur der Bunan-Dialekt in Betracht kam, der von der Kyelanger Jugend fast ausschließlich gebraucht wird.

Dem Bruder Pagell kam bei diesem Umgang mit den Leuten gewiß seine Vertrauen erweckende, praktisch teilnehmende Art, und dem Bruder Heyde außerdem seine Sprachbegabung und Gewandtheit zu statten. Aber große Erfolge konnten sie natürlich nicht so schnell erzielen, und sie mußten auch bald gewahren, daß die meisten Lahuler wenn nicht gerade feindselig, so doch unfreundlich und zurückhaltend ihnen gegenüber waren,

---

*) Die Schreckensmasken werden bei den geistlichen Schauspielen gebraucht, welche die Lamas in den Klöstern aufführen, besonders in dem großen Kloster Himis, 30 km südlich von Leh, wo die Lama-Mönche große theatralische Vorstellungen geben, denen manchmal 2000 Zuschauer beiwohnen. Das beigegebene Bild zeigt solche Himis-Mönche mit Schreckensmasken, welche böse Geister darstellen, die viel Unheil anrichten, aber schließlich überwunden werden.

Das Himiskloster bei Leh.

und daß sie die Lamas und die Oberen und die Reichen, also die Führer und Herren des Volkes, als ihre entschiedenen Gegner anzusehen hatten. Auch die drei angesehensten Edelleute Lahuls, die den Titel Dscho (Baron) führen, traten bei manchen Gelegenheiten feindselig gegen die Brüder auf, und das hatte um so mehr zu bedeuten, als der eine, Dscho Dewi Tschand, die Gutsherrschaft von Kyelang war, und der andere, Dscho Hari Tschand, von den Engländern als Tasildar (Ober=Amtsrichter) von Lahul eingesetzt war.

Wir werden sehen, wie sich später, besonders auch durch die Schulthätigkeit der Missionare, das Verhältnis zu den Leuten etwas günstiger gestaltete, wollen aber vorher überblicken, was der neu angekommene Kollege, Bruder Jäschke, für die gründliche Erlernung und Bearbeitung des Tibetischen that, der Hauptsprache des West=Himalayagebietes.

Missionar Jäschke und die tibetische Sprache.

Bruder Jäschke trennte sich, bald nach seiner Ankunft in Lahul, auf längere Zeit von seinen Kollegen, weil er einsah, daß er bei dem Hausbau und der ersten Einrichtung nur von geringem Nutzen sein und in Kyelang im Erlernen der Sprache nur wenig Fortschritt machen könne. Er mußte an einen Ort zu gelangen suchen, wo nur gutes Tibetisch gesprochen wurde, und wo er gar keine Gelegenheit hatte, sich einer andern Sprache zu bedienen, und einen solchen Ort zu finden glückte ihm dadurch sehr bald, daß ein Mann aus Ladak mit beim Hausbau half, der ihm anbot in seinem Haus im Dorfe Stok südlich vom Indus mit seiner Familie zu leben und die Sprache zu erlernen.

Nach dem etwa 200 km von Kyelang entfernten Dörflein Stok in Ladak machte sich also Bruder Jäschke auf, kam glücklich über die drei schon früher erwähnten Pässe und die Rupschu-Hochebene und quartierte sich bei recht freundlichen aber sehr einfachen Dorfleuten ein, die ihm in ihrem trapezförmigen Häuschen nur eine sehr dürftige Wohnung, und als Nahrung fast nur geröstete Gerste bieten konnten, bei denen er sich aber doch sehr wohl befand. Er war nämlich immer von seltener Bescheidenheit und von einer Bedürfnislosigkeit gewesen, die fast bis zur Stufe des Diogenes reichte, und daher schien ihm das Leben bei diesen armen Ladaker Leuten nicht nur erträglich, sondern insofern sogar luxuriös, als er sich aus den Eiern der einzigen aber fleißig legenden Henne des Hauses jedesmal einen guten Eierkuchen herstellen konnte, der ihn an die Nieskyer Anstaltsküche erinnerte.

Die Hauptsache aber war für ihn nicht die Beköstigung und Wohnung, sondern die gute Gelegenheit, die er in Stok hatte, die tibetische Sprache zu erlernen, eine Gelegenheit, die er natürlich eifrig benutzte. Durch unermüdliches Ausfragen der nicht ganz ungebildeten Hausbewohner und andrer Leute, durch Vergleichung des Gehörten mit den Wörterbüchern von Czoma Körösi und Schmidt, sowie durch bald erreichtes Verständnis tibetischer Handschriften und Drucke, gelangte er sehr bald zu einer so gründlichen Kenntnis der Büchersprache und der Umgangssprache und der in den vier Provinzen Tibets (Nari, Tsang, Ü und Kham) recht verschiedenen Aussprache der Worte, daß er schon von Stok aus mit Lepsius in Berlin, Schiefner in Petersburg und Foucaux in Paris über die tibetische Sprache korrespondieren und mit der Zeit eine ganze Reihe von Abhandlungen schreiben konnte über die Aussprache, den Klang und die Grammatik der Sprache.*) Daneben fand er aber auch noch Zeit sein vielsprachiges Tagebuch zu schreiben, welches er, um nicht über dem Neuen das früher Gelernte zu vergessen, in sechs oder sieben von ihm vollkommen beherrschten Sprachen führte, und zwar hauptsächlich in der lateinischen, altgriechischen, polnischen und schwedischen.

---

*) Die lehrreichste und interessanteste dieser Abhandlungen ist wohl die „Über die Phonetik der tibetischen Sprache", in dem Monatsbericht der Kgl. Akademie der Wissenschaften zu Berlin, Frühjahr 1867. Hier wird uns auf 24 S. ein Einblick gegeben in die Geschichte, Entwickelung und gegenwärtige Beschaffenheit der Sprache, und tritt uns die staunenswerte Sprachgelehrsamkeit des Verfassers im hellsten Lichte entgegen.

Nach einem Aufenthalt von fast einem Jahr in Ladak kehrte Bruder Jäschke zu seinen Kollegen nach Kyelang zurück und war im Herbst 1858, nach wenig mehr als einjährigem Studium der Sprache, schon so weit derselben Meister geworden, daß er — ein wohl einzig dastehendes Beispiel — Barth's biblische Geschichten auszugsweise und auch wichtige leicht verständliche Stellen aus den Evangelien ins Tibetische übertragen konnte. Mit den wertvollen Manuskripten reiste dann Bruder Heyde nach Simla und überwachte daselbst, im Winter 1858 bis 1859, den Druck derselben, erwarb aber auch eine lithographische Presse für Kyelang und kehrte mit Schätzen reich beladen zu seiner Station zurück, wo er die Presse aufstellte.

Diese Presse ist nun seitdem fast beständig in Thätigkeit gewesen, und sind auf ihr eine große Menge von Schriften, Bibelteile, Gesangbücher, Traktate, belehrende Schriften und Schulbücher gedruckt worden, denn Bruder Jäschke fuhr mit rastlosem Fleiße fort zu übersetzen und zu schreiben, und Bruder Heyde konnte ihn nach einiger Zeit kräftig unterstützen und verfaßte verschiedene religiös anfassende, belehrende und der Schule dienende Schriften. Später trat dann auch Bruder Redslob mit in die Arbeit ein, übersetzte vom Neuen Testament den Hebräerbrief und begann die Übersetzung des Alten Testamentes, von welchem schon die meisten historischen Bücher und die Psalmen übertragen und gedruckt sind.

Nun könnte es zwar scheinen, daß so bald nach der Gründung der Station und ehe es noch eine rechte Christengemeinde gab, nicht so viele Schriften verfaßt und gedruckt zu werden brauchten; aber bei näherer Erwägung aller Umstände wird man doch die Zweckmäßigkeit der so schnell erfolgenden Schriftenverbreitung zugeben müssen. Die Schriften belehrenden Inhalts und die Schulbücher wurden ja sofort gebraucht für die sehr bald von den Missionaren angefangene Schule.

Die Evangelien und Schriftteile sowie die Traktate konnten auch sehr bald verwendet werden als Ergänzung der lange Zeit zurückgewiesenen mündlichen Verkündigung des Evangeliums, und sie konnten auch schon darum an Lahuler sowie durchreisende Wallfahrer und Handelsleute, vom Anfang der Mission an, mit Aussicht auf einigen Erfolg verteilt werden, weil ja die Buddhisten Lahuls und ganz Tibets zum großen Teil lesen können und eine seit 1200 Jahren gleich gebliebene, der Mehrzahl des Volkes verständliche Schrift- und Büchersprache und außerdem vor jedem tibetischen Buch eine riesige Achtung haben.

Die Schriftenverbreitung hat daher auch stets einen sehr wichtigen Teil der Thätigkeit der Kyelanger Missionare gebildet, und sie haben in Lahul selbst und auf ihren vielen Evangelisationsreisen in Klöstern, Dörfern und Weilern Tausende von Bibelteilen und Schriften an den Mann bringen können, natürlich wo es irgend anging mit erklärendem Wort, besonders in Bezug auf Schriftstellen, denn selbst die Evangelien sind ja, auch in der besten Übersetzung, dem heidnischen Leser oder Hörer nur halb oder gar nicht verständlich.

Diese Arbeit ist denn auch nicht immer vergeblich gewesen. Die Missionare haben öfters vernommen, daß die Schriften wirklich gelesen und teilweise auch verstanden worden sind, und selbst aus dem Innern von Tibet wurden sie neu verlangt.

Jäschkes schnelle Bemeisterung der Sprache und Übersetzerthätigkeit war also für die in Lahul angefangene Mission von größter Wichtigkeit, und wenn er auch durchaus nicht beredt und für lehrhafte Wirksamkeit und mündliche Verkündigung weniger begabt war, so ist er doch durch treue Ausnutzung seines

Ein Dorf in Ladak.

seltenen Sprachtalents für die Himalaya-Mission der Brüdergemeine und für die zu hoffende Christianisierung Tibets eine unschätzbare Grundlage und Stütze geworden.

Er vernachlässigte übrigens über der Übersetzer- und schriftstellerischen Thätigkeit die Bearbeitung der tibetischen Sprache nicht und gab 1865 eine Grammatik der tibetischen Sprache und 1866 sein Romanized Tibetan and English Dictionary heraus, in welchem die tibetischen Wörter mit lateinischen Buchstaben und rein phonetisch, d. h. nur mit Wiedergabe des Klanges, den die Wörter in der Umgangssprache haben, geschrieben sind. Er betrat damals mit dieser sogenannten romanisierten und phonetischen Schreibweise der tibetischen Umgangssprache einen neuen Weg, auf welchem neuerdings der Engländer Graham Sandberg weiter gegangen ist, welcher ein nur romanisiert geschriebenes Handbuch der tibetischen Umgangssprache herausgegeben hat.

Die Missionare haben sich auch gefragt, ob sie durch die Kyelanger Presse Schriften verbreiten sollen, welche in der gangbaren Umgangssprache Mittel-Tibets abgefaßt und nur romanisiert-phonetisch geschrieben sind, oder andrerseits, ob sie die Umgangssprache mit tibetischen Buchstaben wiedergeben sollen. Sie mußten aber zunächst beides verneinen und zurückweisen; denn romanisiert geschriebene Bücher wären nur für Europäer und für die wenigen Tibeter brauchbar, welche Englisch gelernt haben, und die Umgangssprache tibetisch zu schreiben, würde bei den Tibetern grenzenlose Verwirrung anrichten und ihnen unlösbare Aufgaben stellen.

Man wird also wahrscheinlich bei der bisherigen Praxis bleiben müssen, alle für die des Englischen unkundigen Tibeter bestimmten Schriften in der Büchersprache abzufassen und auf

die phonetische schriftliche Wiedergabe der abgekürzten Umgangs-
aussprache den Tibetern gegenüber zunächst zu verzichten.

Und das wäre gewiß auch weiter kein großes Unglück, denn
es will uns scheinen, daß die Tibeter, welche seit 800 Jahren
eine fast gleich gebliebene Schrift- und Büchersprache und eine
feste Orthographie besitzen, überhaupt zunächst die phonetische
Wiedergabe ihrer Sprache und ihrer Dialekte sehr gut entbehren
können. Unkultivierten Völkern müssen natürlich die Missionare
eine Büchersprache und eine Schrift geben, und mit dieser
Schrift die Sprache möglichst einfach phonetisch schreiben, aber
den Tibetern, welche ihre alte Büchersprache in feststehender
Orthographie schreiben und mit dieser Orthographie noch die
alte Aussprache und die Abstammung und Zusammensetzung der
Wörter festhalten, darf man nicht mit einer phonetischen Schreibweise der jetzigen Aussprache kommen. Das wäre etwa so, als
wollte man den Franzosen, in deren Sprache ja die Aussprache
etwa so weit von dem Geschriebenen abweicht wie im Tibetischen,*)
zumuten, ihre Sprache phonetisch zu schreiben, und also z. B.
statt faux und temps (falsus und tempus) fo tang zu setzen —
scheinbar chinesische Wortgebilde, denen auch der Sprachkundige
nicht Bedeutung und Abstammung ansieht.

---

*) Um den mit der tibetischen Sprache nicht bekannten Missions-
freunden eine ungefähre Idee von der jetzigen Sprache zu geben, seien hier
einige Beispiele derselben angeführt. Was in der Schriftsprache tschos,
Religion, geschrieben wird, spricht man in Ü-Tjang aus tschö; khrag,
Blut, thag; sgra, Stimme, da; spyodpa, thun, tschöpa; gtschespa,
lieb, tschepa; brgyad, acht, gye; bkraschis lhunpo, Gnadenberg,
Taschilunpo u. s. w. In Nari und Kham (West- und Ost-Tibet) stimmt
die Aussprache wieder mehr mit der Schreibweise überein als in Ü-Tjang
(Mittel-Tibet).

Die vielen lesen könnenden Tibeter lesen ja seit jeher alle Wörter ihrer Bücher gemäß der in ihrer Ortschaft üblichen Aussprache, und werden dies natürlich auch mit allen neuen in der Büchersprache verfaßten Schriften thun. Man gebe ihnen daher solche auch künftig und sehe von allen phonetischen Eselsbrücken ab. Wir glauben auch nicht, daß Bruder Jäschke, wenn er länger für die tibetische Sprache hätte thätig sein können, zur phonetischen Schreibweise für Tibeter geraten haben würde, wenn er natürlich auch für Europäer sowohl buchstäblich transkribierte, als auch die Umgangssprache phonetisch wiedergab.

Hören wir jetzt, was er noch für die Sprache leisten konnte, und wie es ihm weiter erging.

Nachdem er 1867 noch seine sogenannte Triglotte (Dreisprachenbuch) vollendet hatte, in welcher den Tibetern Anleitung gegeben wird, Urdu und Hindi zu lernen, und welche noch jetzt manchmal von den großen Klöstern Mittel-Tibets aus verlangt wird, schien seine Arbeitskraft verbraucht zu sein, und ein ernstliches Kopf- und Nervenleiden nötigte ihn, um seine Entlassung einzukommen.

1868 verließ er mit seiner ihm seit 1859 treu zur Seite stehenden Gattin Kyelang, reiste nach Deutschland zurück und beschrieb die Rückreise für die Lahuler in tibetischer Sprache. Er ließ sich zunächst in Gnadau bei Magdeburg nieder, nicht etwa um auszuruhen, sondern um nach der zur Erholung dienenden Rückreise die schon lange geplante und vorbereitete Hauptarbeit, die Ausarbeitung eines großen tibetisch-deutschen Wörterbuches auszuführen.

In der unglaublich kurzen Zeit von wenig mehr als zwei Jahren vollendete er diese riesige Arbeit, ordnete, sichtete und erweiterte das umfangreiche in Kyelang gesammelte Material, verfaßte das, den ganzen Sprachschatz der tibetischen Litteratur umfassende, die Umgangssprache und die verschiedenen Dialekte und Aussprachen berücksichtigende Wörterbuch und schrieb für den autographischen Druck mit wunderbar schöner, sich immer gleichbleibender Handschrift 700 zweispaltige Quartseiten ins Reine.

Wie durch seine, neuen Grund legende Grammatik die schon vorhandenen tibetischen Grammatiken fast wertlos wurden, so kommen auch gegen sein Wörterbuch die drei früher verfaßten nicht sehr in Betracht. Dennoch fand seine meisterhafte Arbeit in Deutschland wenig Beachtung, wahrscheinlich weil es daselbst damals, außer Dr. Emil von Schlagintweit, keinen wirklichen Kenner des Tibetischen gab; und wohl aus demselben Grunde ist ihm auch von keiner deutschen Universität ein, freilich von ihm auch gar nicht begehrter, Ehrentitel angeboten worden.*)

Die indische Regierung aber, durch kompetente Beurteiler auf Jäschke's Wörterbuch aufmerksam gemacht, wünschte eine Bearbeitung desselben für Engländer und die Herstellung einer tibetisch-englischen Ausgabe mit Typendruck. Das gab nun wieder viel Arbeit für unsern Sprachgelehrten, der noch dazu seit längerer Zeit schwer krank war (innere Geschwüre, infolge von Knochenhautentzündung) und unmöglich den deutschen Text ins Englische übertragen und das ganze Werk neu schreiben konnte. Indes übernahmen diese Arbeit zwei Freunde für ihn und brachten

---

*) Einzelne Sprachforscher, wie Schiefner und Lepsius, haben freilich Jäschkes Verdienste voll anerkannt, und einer der größten Sprachkenner unserer Zeit, Prof. Fr. Müller in Wien, schreibt über ihn: „Jäschke ist eine leuchtende Zierde der orientalischen Wissenschaft und der modernen Sprachforschung. Die Herrnhuter Gemeinde kann stolz sein auf ihren Bruder Jäschke."

sie, beständig von ihm beraten, geleitet und korrigiert, in vier Jahren glücklich zustande.

Bruder Jäschke revidierte unterdessen die Übersetzung des Neuen Testamentes und zeichnete Vorschriften für die neu zu schneidenden tibetischen Typen, die in Berlin von geschickter Hand in vorzüglicher Weise hergestellt wurden. 1881 erschien dann das schön ausgestattete, in der Gebr. Unger'schen Offizin gedruckte Tibetan-English Dictionary, und damit war des unermüdlichen Sprachenmannes Arbeit für die tibetische Sprache abgeschlossen. Nur den durch die englische Bibelgesellschaft veranlaßten Druck der Evangelien konnte er noch überwachen und sich dabei mit den Kennern und Freunden der tibetischen Mission darüber freuen, daß nun durch den Druck des Wörterbuches auch für den Druck der tibetischen Bibel so vorzügliche Typen vorhanden sind.

Nach dieser letzten, nur mit Mühe noch vollbrachten Arbeit machte das durch Operationen und Kuren nicht aufgehaltene Leiden seinem Leben bald ein Ende, und der 24. Sept. 1883 war sein Heimgangstag. Sein Leichenstein auf dem Herrnhuter Gottesacker enthält in tibetischer Sprache und Schrift die Worte: (Ei du frommer und getreuer Knecht) „Gehe ein zu deines Herrn Freude!"

Den Druck des übrigen Neuen Testamentes (Apostelg. bis Offenbarung) erlebte er nicht mehr, denn derselbe konnte erst 1885 ausgeführt werden. Die Übersetzung aber auch dieses Bibelteiles stammte fast ganz von ihm; nur der Hebräerbrief war von Bruder Redslob übertragen worden.

Wir haben vielleicht über die kaum elfjährige Missionsthätigkeit unsers Bruders Jäschke etwas zu ausführlich berichtet, aber die Wichtigkeit seiner sprachwissenschaftlichen und Übersetzungsarbeiten für die Himalaya-Mission mag das entschuldigen, und manchen Missionsfreunden wird es gewiß lieb sein, dadurch über ein nicht allgemein bekanntes Gebiet nähere Nachrichten erhalten zu haben.

Wir wenden uns wieder zu den Brüdern Pagell und Heyde und berichten in der Kürze über: Die Thätigkeit der Kyelanger Missionare und ihre Früchte.

Die Thätigkeit
der Kyelanger Missionare und ihre Früchte.

Einen Hauptteil und die Grundlage dieser Thätigkeit bildete natürlich in Kyelang, wie auf allen Missionsplätzen, die Verkündigung des Evangeliums, gelegentliche oder regelmäßige Ansprachen an die heidnischen Buddhisten und gottesdienstliche Versammlungen am Sonntag und am Morgen der Wochentage. Diesen Zusammenkünften schlossen sich aber nur allmählich einzelne bei den Missionaren in Arbeit stehende und eingeladene Dorfbewohner an, und lange dauerte es, bis aus diesen sich Anschließenden Christen wurden, und noch länger, bis sich einzelne am Halten des Morgengottesdienstes beteiligten oder bis Bruder Heyde berichten konnte, wie sich die Missionare freuen, wenn sie bei Gängen durch das Dorf hier und da christliche Gesänge erschallen hören, und wie die Christen gar eifrig in der Bibel lesen und forschen. Aber wenn es auch bis dahin lange dauerte, so kamen doch endlich auch in Kyelang diese Früchte zum Vorschein.

Eine Ergänzung dieser Hauptthätigkeit, die Schriftenverbreitung, haben wir schon erwähnt. Durch sie übten die Missionare nicht nur auf das ganze West-Himalayagebiet, sondern auch auf die Buddhisten Mittel- und Ost-Tibets einen segensreichen Einfluß aus, wie man aus Äußerungen von Wallfahrern und Reisenden und auch aus Bücherbestellungen sehen konnte.

Hochwichtig war auch für Kyelang die Schulthätigkeit der Missionare. Schon im Winter von 1860—1861 eröffnete

Bruder Heyde eine Schule, die zwar durch die Feindseligkeit der Oberen und der Lamas viel zu leiden und einen wechselvollen Gang hatte, aber doch nie ganz aufgegeben werden mußte. 1869 nahm sogar das Schulwesen einen bedeutenden Aufschwung, weil die englische Regierung auf die Oberen einen Druck ausübte und auf Errichtung von neuen Schulen drang. In vier Dörfern konnten damals eine Art Regierungsschulen eingerichtet werden, in denen notdürftig herangebildete Lehrer 1870 gegen 150 Schüler unterrichteten. Aber der passive und aktive Widerstand der Lamas und der Volksoberen ruinierte auch dieses Werk, und nur in Kyelang konnte sich längere Zeit, neben der Missions-Knaben- und Mädchenschule, noch eine Regierungsschule halten. Einen Fortschritt für die Missions-Knabenschule bezeichnet das im Januar 1894 eingeweihte neue Schulhaus, in welchem den Winter hindurch 24 bis 30 Schüler Unterricht erhalten.

Besondere Erwähnung verdient aber noch die von den Missionsschwestern seit mehr als 30 Jahren geleitete und mit größter Treue besorgte Strick- und Nähschule, in welcher 6 Christenmädchen und gegen 60 junge heidnische Frauen und Mädchen Handarbeitsunterricht empfangen und dabei auch Bibelsprüche und Gesangbuchsverse lernen. Die äußerlich sichtbare Frucht dieses Unterrichts sind u. a. 1100 Paar in einem Jahr gestrickte Strümpfe, die bei den durchreisenden oder mit Kyelang in Verbindung stehenden Engländern reißend abgehen, und ein gesittetes Betragen, eine Art christlicher Schliff, wodurch sich die heidnischen Frauen und Mädchen der Strickschule vor denen auszeichnen, die diese günstige Gelegenheit weiterzukommen nicht benutzen.

Ein kurzes Wort müssen wir auch der ärztlichen Thätigkeit der Missionare widmen, die ja überall geschätzt wird und überall Eingang verschafft. Sie wurde von den Kyelanger

Missionaren, die ja eine kurze ärztliche Vorbildung erhalten hatten, fleißig ausgeübt, und besonders Bruder Pagell scheint als Heilkünstler einen ziemlichen Ruf genossen zu haben. Es kommt übrigens bei solchen Hilfsleistungen in Krankheitsnot nicht gerade darauf an, daß der Leidende wirklich vollständig geheilt wird. Die liebevolle Teilnahme, die ehrliche eifrige Bemühung des Missionars, Hilfe zu bringen, gewinnt schon die Herzen und verschafft ihm Eingang, und wenn auch z. B. Bruder Redslob einmal einen Zahn mit der Schmiedezange ausziehen mußte, weil kein anderes Instrument zur Hand war, so war der so behandelte Ladaker, obgleich seine Schmerzen vielleicht nicht sehr vermindert waren, dem sich für ihn abmühenden Helfer in der Not doch erstaunlich dankbar.

Noch eine ganz äußerliche, scheinbar mit dem Missionsberuf wenig in Verbindung stehende Thätigkeit der Kyelanger Brüder haben wir zu nennen, nämlich die Herstellung einer Wasserleitung und die dadurch ermöglichte Betreibung einer ausgedehnten Landwirtschaft auf der Berglehne nördlich von Kyelang.

Dadurch wurde nämlich nicht nur das für die Station nötige Getreide, Kartoffeln und Viehfutter gewonnen, sondern es wurde auch den Eingeborenen gezeigt, wie man das arme Gebirgsthal weise ausnützen und ergiebigen Ackerbau treiben kann, auch ohne schwerbezahlte Lamas wegen der Zeit der Aussaat und Ernte zu befragen. Vor allem aber kamen dadurch die Missionare in vielfache Berührung mit den zahlreichen Arbeitern, die sie für die Betreibung der Landwirtschaft nötig hatten; hier und da konnten sie ein gutes Wort anbringen und die Christen und die dem Christentum Zugeneigten, welche fast alle von ihrer Umgebung ausgestoßen waren und sich in großer Armut und Bedrängnis befanden, als regelmäßige Arbeiter anstellen und durch den Arbeitslohn aus äußerer Not befreien.

Wir haben bei Darlegung der vielseitigen Thätigkeit der Kyelanger Missionare schon einige Früchte ihrer Arbeit erwähnt und können dem noch beifügen, daß nach längerer Zeit auch einige Leute getauft werden konnten und so wenigstens der Grund gelegt war im Sammeln einer tibetischen Christengemeine. Aber erst 1865, also etwa 7 Jahre nach Beginn der Missionsarbeit, konnten diese Erstlinge getauft werden, und es waren auch keine Lahuler, sondern, wie auch die meisten in den folgenden Jahren für das Christentum gewonnenen, Leute aus Ladak, welche bei den Missionaren in Arbeit standen, von denselben christlich beeinflußt und von den Lamas und tonangebenden Leuten in Lahul nicht abgehalten wurden, sich der kleinen Christengemeine in Kyelang anzuschließen.

Im ganzen waren also doch die Früchte der Missionsarbeit in Kyelang recht gering, und es liegt nahe, nach den besonderen Ursachen dieses langsamen Fortgangs des Werkes zu fragen. Die überall vorhandenen und sich fast überall gleichbleibenden Hindernisse der Ausbreitung des Reiches Gottes, nämlich die Sündenlust und Weltlust der Menschen, können wir dabei übergehen, indem wir nur nach den besonderen und in Lahul ausnahmsweise vorhandenen Hindernissen des Werkes forschen.

Da ist es nun gar keine Frage, daß in Lahul sowohl als in den anderen Grenzgebieten von Tibet, und in Tibet selbst, der Buddhismus oder vielmehr der Lamaismus ein Haupthindernis der Christianisierung ist, und davon müssen wir nun noch kurz handeln, um einen Einblick in die Schwierigkeiten zu geben, mit denen die Kyelanger Missionare zu kämpfen hatten und noch haben.

Der Lamaismus ein Haupthindernis.

Das System des Buddhismus dabei zu erörtern, hätte wenig Zweck, denn was Schakyamuni vor 2400 Jahren in Indien von Weltentsagung lehrte und von Überwindung des Schmerzes und des Leidens, von Vermeidung künftiger Seelenwanderung und von seliger Auflösung in das Nichts, das wird heutzutage vielleicht noch von einigen wenigen, mystischem Grübeln zugeneigten Lamas beachtet, ist aber für die große Mehrzahl der Lamas und für das ganze Volk so gut wie gar nicht vorhanden, denn die heutige Religion — wenn man diese Bezeichnung brauchen kann — der tibetischen Buddhisten besteht nur in beständiger Furcht vor bösen Geistern und in der Bemühung, deren schädlichen Einfluß durch Gebete und Zaubersprüche zu brechen und abzuwenden,*) die am wirksamsten nur durch die unentbehrlichen Lamas ausgewählt und gesprochen werden können.

Schakyamunis Lehre erfuhr nämlich, als sie von Indien nach Tibet gebracht wurde, die tiefgreifendsten Veränderungen,

---

*) Daß dies die Quintessenz des tibetischen Buddhismus sei, mußte auch Austine Waddel erfahren, der, um denselben ganz genau zu erforschen, in Tibet einen Buddhisten-Tempel mit allem Zubehör für schweres Geld kaufte und sich nun von den gleichsam mitgekauften Lamas alles haarklein erklären ließ. Auch er fand, daß schließlich Zauberei und Dämonendienst die Hauptsache im Buddhismus sei. Siehe Austine Waddel, The Buddhism of Tibet or Lamaism. H. Allen & Co. London 1895. 32 M.

indem sie fast ganz aufging in der Religion der verschiedenen Gegenden, der Lungpai tschos (des Thales Religion), die, wie es scheint, aus drei Hauptbestandteilen zusammengeschmolzen war, einer uralten Natur- (besonders Baum- und Fels-) Verehrung, einer semitisch angehauchten, opferreichen Verehrung höherer Wesen, und dem mit Zauberei und bösen Geistern eng verquickten Schamanentum Inner-Asiens.

Von diesen Bestandteilen der Lungpai tschos finden sich in Lahul und den anderen West-Himalaya-Gegenden heute noch vielfache Spuren, und besonders ist der Dämonendienst und die Abwendung der bösen Geister*) durch Gebete und Zauberformeln ausgebildet, und in dem allgemein verbreiteten Glauben, daß nur die von Lamas gemurmelten Zaubersprüche wirklich vor den bösen Geistern schützen, liegt der Hauptgrund der ungeheuren Macht der Lamas.

Ja, der Hauptgrund; aber die Macht der Lamas ist auch sonst noch vielfach gesichert und anerkannt. Es giebt fast kein Lebensgebiet, in welchem nicht der gemeine Mann in Lahul und anderwärts von den Lamas abhängig ist, sie fürchtet und ihre angebliche Hilfe oder ihre Zustimmung mit großen Opfern erkauft. Ist er krank, so wird der Lama gerufen und muß seine Sprüche sagen. Will er irgend etwas Wichtiges unternehmen (eine Reise, einen Bau, Aussaat und Ernte u. s. w.), so muß der Lama die günstige Zeit bestimmen oder seinen Rat geben. Wollen die Feldfrüchte nicht gedeihen, oder mißrät sonst etwas, so werden die schädlichen Einflüsse und bösen Geister durch Ablesen langer Be-

---

*) Meine ausführliche Beschreibung der Austreibung böser Geister und auch die eines buddhistischen „Begräbnis-Liebesmahles" wolle man Allg. Miss.-Ztschr. 1880, März, Beibl. S. 22—29 nachsehen.

schwörungsformeln vertrieben. In Pu wurden einmal die Früchte eines Feldes von Würmern zerstört. Da konnte nur durch das Lesen eines dicken Zauberbuchs geholfen werden, und ein Dutzend Lamas verteilte also die Blätter des Buches unter sich, und diese wurden dann auf dem Felde zu gleicher Zeit laut und schnell heruntergerasselt.

Aber werden denn, könnte man fragen, wenn die Beschwörungen und Zaubersprüche regelmäßig nichts helfen, die Leute nicht endlich gescheit und lassen die Lamas laufen? Ja, einzelne möchten sich wohl gern von den Lügenpropheten lossagen, aber die meisten leben noch in so großer Furcht vor den fest zusammenhaltenden zahlreichen Lamas, daß einzelne Verständigere kaum eine Absonderung wagen können, denn sie sehen sich dann alsbald, auf Anstiften ihrer bisherigen geistlichen Hirten und Führer, allen möglichen Belästigungen ausgesetzt. Hört z. B. ein etwas aufgeklärter und entschlossener Mann auf, die Lamas häufig zu rufen und ihnen Geschenke zu machen, so wird er bald durch einen Angestifteten darauf aufmerksam gemacht, daß schon in dem und jenem Verlust oder Schaden eine Strafe für seinen Abfall zu erkennen sei und daß auch noch mehr Züchtigung folgen werde, wenn er sich nicht bessere. Unterwirft er sich dann noch nicht den Lamas, so erfolgt auch wirklich allerlei Schädigung des Eigentums oder der Gesundheit. Gewöhnlich lassen sich aber die Leute durch solche Drohungen einschüchtern und machen den Lamas wieder Geschenke. Ein halb abtrünnig gewordener Kyelanger geriet sogar durch solche Warnungen und Drohungen so in Angst, daß er auf einige Wochen als Büßender in ein Kloster ging, sich reumütig unterwarf und hergab, was er nur entbehren konnte.

Lamas.

Schärfer treten dann die Lamas und ihre Helfershelfer auf, wenn jemand nicht nur sie verläßt, sondern auch Christ wird, oder die Absicht hat einer zu werden. Da wird er, wenn es irgend angeht, von Haus und Hof vertrieben, oder es wird ihm und seinen Angehörigen aller mögliche Schaden zugefügt, und darum haben sich wohl auch so lange Zeit keine Kyelanger oder andere Lahuler den Missionaren angeschlossen, sondern nur fremde Arbeitsleute aus Ladak, denen die Lamasippschaft nicht viel anhaben konnte.

Neigt aber vollends einer aus ihrer Mitte dem Christentum zu, so kennt die Wut der Lamas keine Grenzen mehr, und von buddhistischer Sanftmut ist dann keine Spur mehr zu sehen. Einen der christlichen Wahrheit schon nahe stehenden Lama in Kyelang brachten seine Kollegen einfach ums Leben und gaben dann vor, er sei vom Dach gefallen.

Die Lamas merken eben, daß, wenn das Christentum viele Anhänger gewinnt, es mit ihrer Herrschaft, ihrem bequemen Leben und ihren Einnahmen ein Ende hat, und sie thun daher alles, was sie können, um die „Messias-Religion" zu unterdrücken und das schwankende Gebäude des Lamaismus zu stützen und zu schmücken.

Zu diesem Ende haben sie auch die Lahuler angeregt, das kleinere, nur 100 Folianten starke Sammelwerk heiliger Schriften, den Kandschur, aus Lhasa mit einem Kostenaufwand von 3000 M. kommen zu lassen und in einem Kloster aufzustellen, und einige Wohlhabende mußten einige besonders wichtige Bücher in Goldschrift abschreiben lassen, wobei für einen Band für 600 M. Gold verrieben wurde. Das alles aber geschah natürlich nicht, damit diese kostbaren Bücher gelesen würden und so vielleicht Nutzen schafften, sondern weil durch solche Ausgaben für die heiligen Schriften eine Unmasse Verdienst angesammelt und nach diesem Leben eine bessere Zukunft gesichert wird.

Nachdem wir nun die gewöhnlichen Lamas, die wir als Lamas dritter Klasse bezeichnen können, ein wenig kennen gelernt haben, und zwar als blinde Leiter einer sie wie Halbgötter verehrenden Menge, und zum Teil auch als bewußte Betrüger und schlechte Subjekte, müssen wir noch auf die Lamas zweiter Klasse einen Blick werfen, die auch in Lahul und den anderen Grenzgebieten vorkommen, wohin sie von Lhasa oder von großen tibetischen Klöstern zur Brandschatzung der Gläubigen gesandt werden. Dies sind die sogenannten Kuschogs, angeblich halb überirdische Wesen, Verkörperungen von Buddhisatwas (d. h. werdenden, künftigen Buddhas) und anderen Fabelwesen, mit denen der Buddhistenhimmel bevölkert ist. Stirbt so ein Kuschog, so lebt er angeblich in irgend einem kleinen Knäblein wieder auf, welches von Kollegen des Verstorbenen ausgesucht und zum Nachfolger bestimmt wird, und dieses sich immer wiederholende Wiederaufleben nennt man mit einem mongolischen Ausdruck die kubilghanische Nachfolge. Auch bei den drei Lamas erster Klasse, die der Buddhismus hat, dem Dalai Lama in Lhasa, dem Taschi Lama in Taschilunpo und dem Großlama in Urga in der Mongolei, wird derselbe Schwindel getrieben mit dem Wiedererstehen in kleinen Kindern.

So ein Kuschog nun wird also von Zeit zu Zeit auch nach Lahul auf eine Bettelfahrt geschickt und genießt ungeheures Ansehen. Kommt er in einer Ortschaft an, so setzt er sich auf eine Art Thron, und die Einwohnerschaft, Männer, Frauen und Kinder, gehen in weitem Umkreis um ihn herum und empfangen andächtig seinen Segen, für den sie freilich nachher reiche Geschenke bringen müssen. In einem Falle mußten die meistens

recht armen Lahulen gegen 8000 M. zusammenbringen, um den
weiten Bettelsack des Kuschog genügend zu füllen. Aber sie thun
dies gern und stürzen sich auch deshalb in Schulden, weil der
Segen Seiner Eminenz so großen Wert hat. Nur wenn die
Kuschogwürde so schlecht vertreten ist wie einmal in Pu, wo der
Segenspender immerwährend Cognac verlangte und meistens
sinnlos betrunken war, so wird dies doch auch dem einfältigsten
Buddhisten bedenklich, und die Geschenke wollen dann nicht mehr
recht fließen.

 Wir haben in dem Vorangehenden ein freilich nur lücken=
haftes Bild gezeichnet von dem tibetischen Lamaismus, meinen
aber, die Leser werden auch aus dieser unvollständigen Skizze er=
sehen haben, daß die Lamas in der That eine sehr große Macht
haben über die Leute und unbegrenzte Verehrung und Achtung
genießen. Einer der Brüder=Missionare schrieb mit Recht, daß
zwar der Buddhismus keinen Gott kennt, daß aber die heutigen
Buddhisten in der Gesamtheit der Lamas einen Aftergott haben,
den sie blindlings verehren und fast anbeten, und der sie dafür
nur immer tiefer in den Irrtum hineinführt und an die Mächte
der Finsternis kettet.

 Daß nun diese Lama=Macht für die christliche Mission ein
gewaltiges Hindernis ist und immer bleiben wird, liegt auf der
Hand, und die etwas langsamen Fortschritte in Kyelang und
den anderen Himalaya=Stationen erklären sich größtenteils schon
aus dieser Ursache.

 Wir müssen aber zum Schluß noch ein anderes, nicht mit
dem Buddhismus zusammenhängendes Hindernis des Missions=
werkes erwähnen, nämlich die in Tibet und den angrenzenden
Gebieten ziemlich allgemein herrschende Unsitte der Polyandrie
oder Vielmännerei, die darin ihren Ursprung haben soll, daß

man für diese armen Gebirgsthäler die Nachkommenschaft möglichst einschränken wollte, und nach welcher nur der älteste von mehreren Brüdern eine Frau nimmt, die dann auch die Frau der andern ist. Die Folgen dieses von vornherein unsittlichen Verhältnisses sind natürlich sehr traurige, denn nicht nur kann dabei von einem geordneten Familienleben oder von guter Kindererziehung keine Rede sein, sondern es hat sich auch daraus ein zügelloser Umgang der beiden Geschlechter überhaupt ergeben, und es ist ja selbstverständlich, daß bei solchen unsittlichen Zuständen sich nur wenige dem Christentum zuwenden werden.

Trotz dieser vielfachen Hindernisse haben aber doch die Brüder in Kyelang freudig weitergearbeitet und auch hier und da Erfolge gehabt, und in neuester Zeit sind sie auch an eine Erweiterung des Werkes gegangen, der wir nun noch einige Worte widmen wollen.

Die Zweigstation von Kyelang.

Schon lange hatten die in Kyelang im Bhagathal stationierten Brüder es für ihre Aufgabe gehalten, auch das stärker bevölkerte Unter-Lahul mit dem Worte Gottes zu bedienen, welches da beginnt, wo der Tschandra und Bhaga sich vereinigen, und wo in dem etwas weiteren Flußthal eine ganze Menge kleiner Ortschaften liegen, die zusammen gegen 4000 Einwohner haben. Schon öfters hatten sie diese etwa 30 km lange Strecke, Schriften verteilend, Gespräche anknüpfend oder kleine Ansprachen haltend, bis zum Götzen- und Wallfahrtsort Trilognath im Tschamba-Distrikt durchwandert und hier auch eine etwas freundlichere Aufnahme gefunden als im Bhagathale. Sie fühlten aber, daß bloße Besuche nicht genügten, und daß sich ein Missionar oder ein Nationalgehülfe in diesem, Manschat genannten Gebiet dauernd niederlassen und der stark mit Hindus vermischten Bevölkerung regelmäßigen Unterricht bieten müßte.

Damit ist denn nun auch Ende 1895 ein Anfang gemacht worden. Man hat in dem Dorfe Tschot einem ehemaligen Kyelanger Schüler ein Haus und Grundstück abgekauft, ein etwas gebildeter, 1894 getaufter Mann hat sich darin niedergelassen, eine kleine Schule angefangen und auch unter den Dorfbewohnern zu evangelisieren gesucht, und sobald es sich thun läßt, wird auch ein Missionar hinziehen, der dann auch den, von Frauen und Kindern ausschließlich gebrauchten, dem Hindi verwandten Manschat-Dialekt zu erlernen haben wird.

So ist also Aussicht vorhanden auf eine bedeutende Erweiterung des Kyelanger Werkes, und es ist erfreulich, daß wir zuletzt noch von der Mutterstation so günstige Nachrichten bringen können, ehe wir zur Beschreibung der Stationen Pu und Leh übergehen.

Die Station Pu.

Bei dem langsamen Fortgang des Missionswerkes in Kyelang war für mehrere Missionare daselbst nicht Beschäftigung genug, und außerdem hatte man auch von Anfang an die Absicht gehabt, wo möglich an zwei oder drei Punkten die Arbeit unter den Buddhisten des nordwestlichen Himalaya zu beginnen.

Der thatkräftige Bruder Pagell unternahm daher 1864 eine Untersuchungsreise in das südöstlich von Lahul gelegene Sotledsch= thal und wählte das nur zwei Tagereisen von der tibetischen Grenze entfernte größere Dorf Pu für eine künftige Missions= station aus.

Hier wohnten über 600 rein tibetische Buddhisten beisammen, und auch in den umliegenden kleinen Weilern am Sotledsch und nach dem Distrikt Spiti zu wurde nur Tibetisch gesprochen. Außerdem war aber hier die tibetische Grenze ganz nahe, über welche man damals noch hoffte in das verschlossene Land ein= bringen zu können.

Das Jahr darauf reiste also Bruder Pagell mit seiner Frau über Kotgur und von da über Rampur etwa 15 Tagemärsche am Sotledsch hinauf nach Pu und siedelte sich daselbst an. Ehe wir aber von seinem Ergehen daselbst berichten, möchten wir einige erklärende Worte über die Lage des Ortes und über seine Bewohnerschaft einschieben.

Das 200 km lange obere Sotledschthal, an dessen östlichem Ende Pu auf steiler Berglehne, 1200 Fuß über der Thalsohle

Rampur am Sotledsch.

gelegen ist, steht einzig da im ganzen Himalayagebirge, denn nur diese tiefe Thalschlucht durchschneidet das ganze Gebirge vom Innern Tibets an bis zur indischen Ebene, nur hier findet sich in dem 2400 km langen Riesenwall der „Schneestätte" (hima Schnee, ālaya Wohnstätte) eine von N.=O. nach S.=W. vollständig durchgehende Bresche. Und dann ist das obere Sotledschthal auch merkwürdig als einer der tiefsten und längsten Erosions= (Auswaschungs=) Kanäle der Erde, dem höchstens die tiefen Schluchten des Lantsan (oberen Mekong?), im Osten von Tibet, an die Seite gestellt werden können.*)

In einem so tief eingeschnittenen Flußthal, dessen Seitenwände manchmal bis zehntausend Fuß ansteigen, ist natürlich wenig Raum für menschliche Wohnungen und für den Feldbau.

Selbst die Plätze sind selten, wo eine Reisegesellschaft das Zelt aufschlagen und mit den Gepäckträgern übernachten kann, und man muß daher die letzten Tagemärsche vor Pu so einrichten, daß man abends einen „Zeltplatz" erreicht, d. h. eine 30 bis 40 Quadratmeter große ebene Fläche. In Pu selbst kann der Missionar keinen Schritt auf ebener Fläche thun, außer in den Zimmern und auf der Veranda seiner Wohnung, und alle Felder dieses an den steilen Bergabhang gleichsam angeklebten Gebirgsdorfes müssen mühsam terrassenförmig aufgemauert werden.

In einem so gelegenen Ort, wo nur durch mühsam betriebene Landwirtschaft und durch Schafzucht von einem Teil der Einwohner etwas verdient werden kann, muß natürlich die Armut zu Hause sein, und das ist denn auch in hohem Grade der Fall, zumal auch in Pu das Aussaugesystem durch Lamas dritter

---

*) Näheres über das obere Sotledschthal brachten einige Aufsätze im Blatte „Herrnhut" 1890. Nr. 28. 30 und in der Wiener „Deutschen Rundschau für Geographie und Statistik" 1890, Heft 3 und 4.

und zweiter Klasse in voller Blüte steht. Zwei Klöster befinden sich in dem kleinen Dorf, 40 Lamas und ebensoviele sogenannte Nonnen und ein Kuschog, und aus Tibet kommen außerdem von Zeit zu Zeit vornehme Bettel-Kuschogs, welche die abergläubigen Leute brandschatzen.

Unter diesen Puer Buddhisten ließ sich also Bruder Pagell mit seiner Frau nieder, und er hatte daselbst einen schweren Anfang, da die, denen er doch nur Gutes erweisen wollte, zuerst sehr unfreundlich, mißtrauisch und sogar feindselig gegen ihn auftraten. Als er einen Bauplatz aussuchte, rieten sie ihm sogar aus Bosheit eine Stelle an, auf der gewöhnlich nach der Schneeschmelze Stein- und Erdlawinen heruntergehen, und dann wollten sie ihm gar keinen günstigeren Grund und keine Lebensmittel verkaufen und nicht bei der Arbeit helfen. Sogar das Mißraten der Feldfrüchte schoben sie dem verhaßten Fremdling in die Schuhe und verklagten ihn deshalb bei dem Ober-Lama von Gartok, dem hochgelegenen Hauptort von Nari (West-Tibet).

Aber gerade dadurch trat für Bruder Pagell eine sehr günstige Wendung ein, denn dieser höchst verständige Ober-Lama sagte zu den Puer Klägern: Ihr habt bis jetzt den Fremdling schlecht behandelt und ihm alles mögliche Herzeleid angethan, und eben darum habt ihr Mißwachs in euren Gärten und Feldern. Behandelt ihn gut und seid freundlich mit ihm, wie sich's gehört, und dann werden eure Felder gut stehen und alle Früchte geraten.

Da zeigte es sich nun, daß die Unterwürfigkeit unter die Lamas manchmal auch ihre gute Seite hat, denn die Puer führten buchstäblich aus, was ihnen der weise Salomo in Gartok anbefohlen hatte und waren wie umgewandelt gegen ihren bisher verachteten Wohlthäter; und da Bruder Pagell allmählich auch sonst das volle Vertrauen der Leute gewann, so kam er bald in das beste Verhältnis zu ihnen.

Besonders die Bereitwilligkeit, mit der er in Krankheitsnöten zu Hilfe eilte und auch als Chirurg mancherlei Leibesschäden glücklich behandelte, gewann ihm die Herzen der Leute und ließ ihn allen als Freund erscheinen. Sogar nach Tibet führte ihn sein Ruf als Heilkünstler, denn als 1867 in dem nordöstlich von Pu gelegenen Distrikt Tsotso eine arge Blatternepidemie ausbrach, wurde er von den Behörden zu Hilfe gerufen, machte sich mit Lymphe, chirurgischem Besteck und christlichen Schriften auf den Weg, impfte ohne Belohnung anzunehmen gegen 600 Personen und behandelte viele ärztlich und streute wo er konnte den Samen des Wortes Gottes aus. Als er aber im nächsten Jahr den Rundgang wiederholen wollte, wurde er dennoch kurz zurückgewiesen.

Ein erfreuliches Ereignis war der 1870 vollendete Bau eines größeren Versammlungslokals, zu welchem 100 Männer freiwillig Bausteine herbeigetragen hatten, und Freude und Dankbarkeit erfüllte auch das Herz des Missionars, als er 1872 einen angesehenen und tibetisch hochgebildeten Lama aus Lhasa, Sodpa Gyalsan, durch die Taufe in den Christenbund aufnehmen konnte.

Dieser als Christ Nathanael genannte Lama verdient eine nähere Schilderung. Er war der Sohn eines vornehmen und wohlhabenden Ober-Lamas in Lhasa, in aller Weisheit des Lamaismus wohl unterrichtet, in der tibetischen Litteratur bewandert, durch einen längeren Aufenthalt in Indien auch mit der europäischen Kultur bekannt und also so gebildet als es ein Tibeter überhaupt sein kann. Sein Kommen nach Pu war zunächst dadurch veranlaßt, daß er in einem der von

Zeit zu Zeit in Lhasa vorkommenden Kämpfe zwischen den 20 000 Lamas und den 15 000 Laien der Stadt, oder wahrscheinlich, genauer ausgedrückt, in einem im April 1871 in Lhasa ausgebrochenen Volksaufstande, bei welchem einige Hundert Menschen umkamen, einen Gegner totgeschlagen hatte und daher Lhasa und Tibet für eine Zeit verlassen mußte, wenn er auch keinen Mord, sondern nur einen Totschlag im Kampfgewühl begangen hatte. So gelangte er also, im Brahmaputrathal hinaufgehend und die Westgrenze Tibets bei Schipke überschreitend, sozusagen zufällig, in Wahrheit aber durch Gottes gnädige Fügung, nach Pu, und damit zu dem ihm in Wort und Schrift dargebotenen Worte Gottes. Schon seit längerer Zeit voll Verlangen nach etwas Besserem, als was ihm ein entarteter und verknöcherter Buddhismus zu bieten vermochte, lauschte er heilsbegierig dem erteilten christlichen Unterricht und schien ganz den ungeheuren Vorzug des Christentums zu fassen, welches einen Gott verkündigt, der die Liebe ist, und welches durch den Sünderheiland allen Menschen Gnade und Seligkeit anbietet, während ja der Buddhismus überhaupt keinen Gott kennt, pessimistisch nur den Schmerz und das Elend des Daseins hervorhebt und unfähig, eine Erlösung und ein hohes vollkommenes Ziel auszudenken und zu erstreben, die Auflösung in das Nichts als das Letzte und Höchste hinstellt, was erreicht werden kann.

Nachdem Nathanael getauft worden war, führte er zuerst einen musterhaften Wandel und berechtigte zu den schönsten Hoffnungen, denn in ihm glaubte man endlich den lang gewünschten einheimischen Evangelisten gefunden zu haben, der seinen Landsleuten das Evangelium bringen und zuerst die Grenzgebiete und später vielleicht auch Tibet durchziehen könnte.

Aber es dauerte nicht lange, so traten an ihm einige schlimme Seiten hervor. Er vertrug sich nämlich durchaus nicht mit seinen Landsleuten, war sehr jähzornig und war wie von beständiger innerer Unruhe erfüllt, die ihn nicht lange an einem Ort bleiben ließ.

Mit einem Mann bei der Arbeit in Streit geraten, schlug er denselben mit einem Hammer auf den Rücken, so daß dieser wie tot niederfiel. Der Verletzte kam zwar wieder zu sich und genas auch vollständig, aber Nathanael war seitdem ganz verändert, wollte keinen christlichen Zuspruch annehmen und verließ Pu. Den Distrikt Spiti durchwandernd, verleugnete er aber seinen Glauben durchaus nicht, sondern legte hier und da ein christliches Zeugnis ab und tauchte nach einigen Monaten in Kyelang auf, wo er von den Missionaren freundlich aufgenommen wurde. Hier fing nun sozusagen seine Glanzperiode an, denn bei seiner vollkommenen Beherrschung der tibetischen Bücher- und Umgangssprache, seiner Kenntnis der Litteratur und geistigen Bildung war er einige Jahre lang ein hochgeschätzter Sprachlehrer und Gehilfe bei den schriftlichen Arbeiten der Brüder Heyde und Redslob, und besonders letzterem konnte er wertvolle Dienste leisten, als derselbe Bruder Jäschkes Bibelübersetzung aufnahm und das Alte Testament zu übertragen anfing. Außerdem unternahm Nathanael auch von Kyelang aus eine mit Schriftenverteilung verbundene Evangelistentour nach Ladak und versprach also ein sehr brauchbarer Nationalgehilfe zu werden.

Aber auch in Kyelang traten nach einiger Zeit seine Schattenseiten stark hervor, indem er sich mit den eingebornen Christen nicht vertragen konnte, und indem eine innere Unruhe oder Wanderlust ihn fort trieb. Er ging nach Simla, von wo er zwar durch den dort besuchenden Bruder Redslob überredet noch einmal nach Kyelang zurückkehrte, aber als er 1881, zehn Jahre nachdem er nach Pu gekommen, sich wieder nach Simla wandte, ist er für immer verschwunden und, wie es scheint, für die Mission verloren. Hoffentlich aber nicht verloren für den Herrn, der ihn zu sich gezogen und ihm von seinem Geist mitgeteilt hatte!

Eine länger anhaltende Freude als an Nathanael, hatten Bruder Pagell und seine Frau an einem anderen Täufling, einem beinahe wie ihr Kind bei sich aufgenommenen armen verlassenen Knaben Namens Benjamin, der zwar auch einmal auf Abwege geriet, aber sich doch wieder zurecht fand, und heute noch mit seiner Frau ein wackeres Mitglied der kleinen Puer Christengemeine ist.

Lange war es aber Bruder Pagell nicht vergönnt, in Pu thätig zu sein. Im Januar 1883 wurde er plötzlich mitten aus treuer Arbeit und freudigem Schaffen herausgerissen, und eine Woche nach ihm auch Schwester Pagell. Sie starben wahrscheinlich an der, in diesen Himalayathälern leider nicht seltenen typhösen Krankheit, welche acht Jahre später in Leh die ganze Missionsfamilie befiel und zwei Missionare dahinraffte. Sie wurden von den Puer Leuten, nicht nur von den Christen, wie Vater und Mutter betrauert, und die nach ihnen kommenden Missionare haben in Pu und der Umgegend noch viele Spuren ihrer gesegneten Wirksamkeit angetroffen.

Sechs Monate später traf Bruder Redslob von Kyelang in Pu ein und fand das sämtliche Missionseigentum so wohl verwahrt und unversehrt vor, als wäre es gerichtlich versiegelt gewesen. Im Oktober desselben Jahres machte er sich nach Kotgur auf, um sowohl seine aus Kyelang eingetroffene Frau als die soeben aus Europa angekommenen Geschwister Weber nach Pu zu geleiten. Aber diese Reise war wegen der vorgerückten Jahreszeit sehr schwierig, denn die letzten Pässe vor Pu waren verschneit, und es mußte der sogenannte untere, an den hohen, steilen Felswänden hingehende, lebensgefährliche Weg eingeschlagen werden, dessen glückliche Überwindung man besonderer gnädiger göttlicher Bewahrung zuschreiben muß. Dabei mag auch daran erinnert werden, daß Gott der Herr bisher alle Himalaya-Missionare auf ihren vielen gefahrvollen Wegen und Stegen über verschneite bis 19 000 Fuß hohe Pässe, schwankende und manchmal morsche Zweig- und Balkenbrücken, spaltenreiche und abschüssige Firn- und Gletscherflächen und brückenlose reißende Gewässer — gnädig behütet und mit seiner Engel Schutz umgeben hat. Manchmal hing das Leben nur noch an einem Faden, aber der Herr schaffte doch noch einen Ausweg. Als z. B. einmal Bruder Heyde durch Sangkar, dieses wildeste aller wilden Gebirgsländer nach Ladak gehen wollte, wurde er schon beim ersten Paß von einem Schneesturm überrascht und mit seinen Gepäckträgern förmlich im Schnee begraben. Hätte das Schneewetter angehalten, so wären sie alle verloren gewesen, aber nach einer

Eine Landstraße am obern Indus.

Eine Landstraße im Himalaya.

angstvollen Nacht klärte es sich auf. Sie sahen, daß sie ganz vom Wege abgekommen waren und keinen Schritt ohne Lebensgefahr weiter gehen durften. Die einzige Rettung lag in der Rückkehr zu dem Punkte, wo sie den Weg verlassen hatten, und diese Rückkehr wurde denn auch, wenn auch mit unsäglicher Mühe, glücklich bewerkstelligt. Ein andermal kehrte Bruder Heyde über Rupschu aus Ladak zurück und hatte den angeschwollenen Tserap-Fluß zu durchreiten, wobei er von der Strömung ergriffen und fortgeführt wurde. Als er dem Ertrinken nahe war, konnte aber sein Pferd noch festen Grund fassen und sich zum Ufer durcharbeiten. Auch Schwester Redslob kam einmal beim Überschreiten eines Gletschers im obern Tschandrathal in recht gefahrvolle Lage, indem ihr Maultier auf schmalem, zwischen steiler Wand und Abgrund hinlaufendem Pfade durchaus nicht mehr weiter wollte oder konnte. Antreiben hätte den Sturz in die Tiefe zur Folge gehabt, zur Seite zu helfen verbot der enge Raum, und Angstschweiß floß in bangen Minuten dem besorgten Bruder Redslob von der Stirn. Endlich gelang es, die Gefährdete ganz behutsam über das Hinterteil des Tieres herunter zu ziehen.

Das sind so einige Beispiele von gefahrvollem Reisen im Himalayagebiet, denen noch viele andere beigefügt werden könnten, und wenn in den deutschen Brüdergemeinen allsonntäglich im Kirchengebet die Worte gesprochen werden „Unsere Reisenden zu Land und See segne und behüte!" so geschieht das nicht nur so aufs ungewisse hin, sondern die Betenden wissen sowohl, daß es auf den verschiedenen brüderischen Missionsgebieten immer und zu jeder Jahreszeit Reisende giebt, als auch daß diese Reisenden, von Grönland bis zum Himalaya, häufig in Gefahr sind.

Überschreitung eines Passes im Himalaya durch eine tibetische Handelskarawane.

Wir verfolgen nun die weitere Entwicklung der Station Pu. Fast zwei Jahre lang bedienten die Brüder Redslob und Weber die Station gemeinsam und suchten die Schule zu erweitern und auch die Mitgliederzahl der kleinen Gemeine zu mehren; letzteres freilich ohne viel Erfolg. Daneben setzte auch Bruder Redslob seine Übersetzungsarbeiten fort. Von 1885 bis 1891 stand dann Bruder Weber, nach der Versetzung seines Kollegen nach Leh in Ladak, ganz allein in Pu und erlebte in dieser Zeit nicht viel Freude an seinen wenigen Pflegebefohlenen, denn sie gerieten fast alle auf Abwege und mußten der Kirchenzucht unterworfen werden. Er verlor daher fast den Mut zur Fortführung des Werkes und hätte am liebsten die Station aufgegeben. Seine Kollegen wollten es aber damit doch noch weiter versuchen, und so trat 1891 Bruder Schreve aus Kyelang in Pu ein, während Bruder Weber nach Leh eilen mußte, um diese durch zwei Todesfälle fast verwaiste Station zu bedienen.

Mit frischer Kraft und großem Eifer nahm Bruder Schreve die Arbeit in Pu in die Hand und konnte auch, besonders in Beziehung auf die Schule, bald eine bedeutende Besserung konstatieren, die wohl zum großen Teil dem sehr tüchtigen Lehrer zu verdanken war, den er so glücklich war zu bekommen. Es war dies ein Lama aus Spiti, der in der Taufe den Namen Paulu erhielt, und der sich nicht nur zu einem sehr brauchbaren Lehrer und ernsten Christen entwickelte, sondern der auch bald freiwillig ausgedehnte Evangelisten-Reisen unternahm, 1894 in die tibetischen Grenzdistrikte, aus denen er freilich nach einiger Zeit ausgewiesen wurde, und 1895 nach Rupschu und östlich davon bis zum Kloster Hanle. Fast scheint der auch in Pu Christ gewordene und jetzt verschollene Nathanael durch diesen Paulu übertroffen zu werden, wenn nicht an Bildung und Gelehrsamkeit, so doch durch ernste und gediegene christliche Gesinnung.

Der schon von den Brüdern Pagell und Weber gemachte Versuch bis zum nächsten tibetischen Grenzort Schipke und von da noch etwas weiter ins Land vorzudringen, wurde auch von Bruder Schreve wiederholt, hatte aber ebenso wenig Erfolg. In Schipke konnte er wohl einige Ansprachen halten und Schriften verteilen, mußte aber dann wie seine Kollegen umkehren und wurde nicht zum Wiederkommen aufgefordert.

Dagegen gelang es ihm, den Grund zu legen zu einer Verbesserung der äußeren Lage der ärmeren Leute in Pu, die von den wenigen Wohlhabenden in einem traurigen Schulden- und Knechtsverhältnis gehalten wurden. Er gab nämlich diesen blutarmen Leuten durch eine mühsam eingerichtete Wollindustrie und durch eine 1895 angefangene Landwirtschaft Gelegenheit, sich regelmäßig etwas zu verdienen und aus ihren Schulden herauszukommen. Besonders für die, welche Christen werden wollen oder geworden sind, ist diese äußere Hilfe nicht nur eine große Wohlthat, sondern fast eine Notwendigkeit, denn sie werden fast immer von ihrer Umgebung ausgestoßen und dadurch fast völlig brotlos. Die Wollindustrie legt sich auch dadurch für Pu nahe, daß daselbst eine ziemlich ausgedehnte Schafzucht getrieben wird, und die vielen Vorteile einer mit Hilfe der Eingeborenen betriebenen Landwirtschaft sind schon bei Kyelang genannt worden.

Schon vor der Einrichtung dieser Industrien war aber, durch Schwester Schreve und die früheren Missionsschwestern, den Frauen und Mädchen von Pu die Kunst des Strickens mit so gutem Erfolg beigebracht worden, daß jetzt zwei Drittel der Dorfbewohner in selbstgestrickten Strümpfen einhergehen.

Die Zweigstation von Pu.

Die anfangs gehegte Hoffnung, von Pu aus in Tibet einzudringen, war im Lauf der Jahre völlig geschwunden, und so drängte sich Bruder Schreve und den Freunden der Brüdermission in Simla der Gedanke auf, das Werk nach Westen zu, unter den anderen Bewohnern des Sotledschthales auszubreiten. Besonders das sechs Tagemärsche stromabwärts von Pu gelegene größere Dorf Tschini wurde von den Simlaer Freunden wiederholt warm empfohlen, und für diesen Ort hat sich dann die Missionsleitung, nach gründlicher Untersuchung aller Verhältnisse durch Bruder Schreve, als neu zu beginnende Zweigstation von Pu entschieden.

Die Bevölkerung von Tschini und Umgegend ist nicht mehr so rein tibetisch wie die von Pu, sondern besteht zum Teil aus Hindus, und auch die Sprache ist gemischt. Nur der kleinere Teil der Einwohner spricht und versteht Tibetisch, die Mehrzahl aber einen aus Hindi, Hindustani und Tibetisch zusammengesetzten Dialekt, den ein hier wirksamer Missionar notwendig erlernen muß. Die Lage von Tschini und seinen Nebendörfern scheint für den Anbau und auch für die Gesundheit etwas günstiger zu sein als die des gar so eng eingeschlossenen Pu, und landschaftlich ist Tschini und Umgegend wunderschön gelegen, denn dem Orte gegenüber auf der Südseite des Flusses, erheben sich, 13 000 Fuß vom Sotledsch steil aufsteigend, die 22 000 Fuß hohen Kailasberge. Manche

Engländer haben daher auch schon Tschini dem, den indischen Regengüssen mehr ausgesetzten Simla als Sommerfrische vorgezogen und werden es wahrscheinlich künftig noch mehr thun.

Das Titelbild „Im obern Sotledschthal" zeigt uns eine Stelle des Thales unweit Tschini.

Möchte nur in dieser schönen Natur auch die neu zu gründende Missionsstation in jeder Hinsicht gedeihen, und möchten daselbst recht viele aus dem Hinduismus und Buddhismus heraus für das Christentum gewonnen werden!

Die Station Leh,

zu deren kurzgefaßter Schilderung wir jetzt übergehen, trägt im Äußeren ein ganz anderes Gepräge als Kyelang und Pu, die wir bis jetzt kennen lernten. Statt der engen Thäler und Schluchten in Lahul und Kunauer treffen wir bei Leh das breite Thal des oberen Indus, dessen Lauf erst 150 km weiter stromabwärts durch nahe an den Fluß tretende Bergketten eingeengt wird; statt der beschränkten Aussicht auf nahe, am Fuße etwas bewaldete, steilansteigende Bergwände haben wir in Leh einen freien Ausblick in ein weites, aber freilich fast ganz baumloses Thal, und auf graugelbe Höhenzüge und kahle Gebirge, hinter denen von ewigem Schnee bedeckte blendend weiße Kämme und Spitzen emporragen.

Und Leh selbst, wie verschieden ist dieser für Inner-Asien nicht unbedeutende Handelsplatz von den einsamen Gebirgsdörfern, 200 km weiter südlich, in denen sich die Brüdermissionare niedergelassen hatten! Zahlreiche Handelskarawanen aus Yarkand und Kaschgar bringen ihre Waren nach Leh, die dann über Kaschmir, und zum Teil auch über Lahul, weiter nach Süden gelangen, und die in Ladak eingeführten indischen und europäischen Waren werden wiederum von Tausenden von Lasttieren nach Mittel-Asien befördert. Auch nach Lhasa geht alle zwei Jahre eine große Handelskarawane von Leh ab und kommt nach 18 Monaten mit chinesischen und tibetischen Waren und Produkten wieder zurück. Der Wert der gesamten durch

Die Stadt Leh mit dem alten Königsschloß.

Leh passierenden jährlichen Einfuhr und Ausfuhr von Ladak soll gegen 8 Millionen Mark betragen, und es läßt sich denken, daß der Transport solcher Massen von Waren zeitenweise ein bedeutendes Zusammenströmen von Menschen in dem nur 3000 ständige Einwohner zählenden Leh verursacht.

In diesem zum Kaschmir-Reiche gehörenden Handels-Centrum hatten nun die Brüder-Missionare schon längst ein Missionswerk beginnen wollen, aber nie die Erlaubnis der Kaschmir-Regierung erlangen können. Endlich 1885 wurde, wahrscheinlich auf wiederholtes Drängen des englischen Kommissionärs hin, die Bewilligung gegeben, und Bruder Redslob machte sich sogleich von Pu aus auf den Weg, um von der kleinen Wohnung in Leh Besitz zu nehmen, welche ihm die Kaschmir-Beamten einräumten. Das ist nämlich für Fremde der einzige Weg, um in Kaschmir sich niederzulassen, daß sie von der Regierung ein Haus überlassen oder gebaut bekommen, dessen Wert sie mit 12% verzinsen, und also eine sehr hohe Miete bezahlen müssen. Selbst Grund und Boden erwerben und darauf bauen darf kein Fremder.

Sobald es sich thun ließ, fing dann der neu installierte Missionar eine kleine Schule an, was ja in Bezug auf die Sprache für ihn keine Schwierigkeit hatte, denn auch in Leh wird, wie in Kyelang, hauptsächlich Tibetisch und daneben auch Hindustanisch gesprochen.

Im nächsten Jahr wurde auch schon ein kleines Versammlungslokal hergerichtet, in welchem sich einige aus Kyelang zurückgekehrte christliche Familien fleißig einfanden, die den Grundstock der kleinen Leher Christengemeine bildeten.

Nun fehlte nur noch die Besetzung eines kleinen von der Regierung eingerichteten Hospitals und einer Poliklinik, die einstweilen von einem eingebornen Arzt verwaltet wurden und die einem europäischen Arzt übergeben werden sollten, sobald ein solcher vorhanden wäre. 1887 war dies der Falle, und

Der Bazar in Leh.

da kam der Missionsarzt Bruder Marx an,*) welcher in Edinburg Medizin studiert hatte. Er übernahm sofort die Poliklinik und das Krankenhaus und entfaltete eine ausgedehnte

---

*) Seine Ankunft, wie die aller späteren für Leh bestimmten Missionsgeschwister, erfolgte nicht über Lahul, sondern über Kaschmir und von da über den Sodschi=Paß (3444 m, 8 m niedriger als Leh), Dras und Kargil auf der Karawanenstraße ins Industhal.

und man kann sagen gesegnete Thätigkeit, denn es fanden sich viele Kranke aus ganz Ladak und den umliegenden Distrikten ein, und viele fanden auch Genesung. Auch eine Menge wohl gelungener Staroperationen konnte der geschickte Missionsarzt ausführen, und jeden Morgen, vor dem Beginn der ärztlichen Behandlung und der Operationen hielt er mit seinen Patienten einen kleinen Gottesdienst, durch welchen gewiß in den Herzen der gerne zuhörenden Buddhisten und Mohammedaner mancher gute Same ausgestreut wurde.

Auch mit der S c h u l e ging es merkwürdig gut vorwärts. Der oberste Kaschmir=Beamte nämlich, der von mehreren Munschis (Sekretären) umgebene Wesir (Gouverneur), wollte wo möglich der ganzen Leher Jugend die Vorteile einer guten Schulung und Erziehung zukommen lassen und erließ ein Edikt, daß aus jeder Familie mit Kindern wenigstens eins die Missionsschule besuchen müsse. Dieser strenge Befehl verursachte nun unter der unwissenden Bevölkerung einen heillosen Schrecken, denn die Leute meinten, daß in der Missionsschule mit ihren Sprößlingen entsetzliche Dinge vorgenommen würden. Es fanden sich auch gar nicht alle anbefohlenen Kinder ein; aber dennoch stieg die Zahl der Schüler manchmal bis auf 70, und Bruder Redslob hatte die größte Not, für mehrere Klassen die nötigen Lehrkräfte zu finden. Später sank dann die Schülerzahl wieder, aber der Wesirbefehl hatte doch zur Hebung der Schule beigetragen, und die Mission überhaupt stieg dadurch in der Achtung der Leute.

Außer der Schulthätigkeit konnte Bruder Redslob auch seine Übersetzungsarbeiten fortsetzen, mehrere Evangelisationsreisen*)

---

*) Einige Reisen Bruder Redslob's, z. B. die zum Pangkong=See

Der Sodschi-Paß.

unternehmen und den 1890 angekommenen Bruder Shawe in die tibetische Sprache und in die Missionsarbeit einführen.

So befand sich also das Missionswerk in Leh 1890 und Anfang 1891 in einem recht hoffnungsvollen Zustande, der auch durch das um diese Zeit stattfindende Eindringen zweier katholischer Missionare weiter nicht gestört wurde, denn dieselben machten sich zwar soweit bemerklich, daß die Eingeborenen bald sagten, die hätten die Marien Religion und die Brüder=Missionare die Messias=Religion, und die katholischen seien ihnen darum lieber, weil sie auch, wie die Buddhisten Götzen in ihrem Tempel hätten; aber sonst unternahmen sie weiter nichts und gewannen keinen Einfluß in Leh, und als sie eine Schule auf die Beine bringen wollten, mißlang der Versuch gänzlich.

Da gefiel es aber Gott dem Herrn, mitten in diesem schönen Gang des Werkes, 1891 in Leh Ereignisse eintreten zu lassen, die alle menschlichen Pläne und Aussichten zunichte machten und die Missionsarbeit fast zum Aufhören brachten.

(dessen Osthälfte zu Tibet gehört) und nach Kaschmir, sind auszugsweise erschienen in Professor Umlauft's (Wien) „Deutscher Rundschau für Geographie und Statistik," 1889, Heft 6; 1891, Heft 4. 6. 7. 10.

Zeiten der Heimsuchung für Leh.

Am Sonnabend vor Pfingsten, den 16. Mai 1891 wurde Bruder Marx von einem typhösen Fieber ergriffen, welches manchmal in den Himalayathälern epidemisch auftritt und Tsanad (Aderkrankheit) genannt wird. Die Krankheit warf sich, wie gewöhnlich, bald auf das Gehirn, aber bei Bruder Marx in einer solchen Weise, daß er in völlige Geistesgestörtheit verfiel, unter der seine Frau und die ganze Missionsfamilie sehr litten. Zum Glück weilte gerade ein englischer Arzt in nicht zu großer Entfernung, Dr. Thorold, der im Begriff stand, mit Captain Bower im Auftrag der indischen Regierung das nördliche Tibet zu durchreisen, was sie dann auch ausgeführt haben.

An diesen Dr. Thorold sandte nun Bruder Redslob einen Eilboten ab, und dieser edle und äußerst gefällige Herr kam auch schleunigst herbei, gleichsam wie ein von Gott gesandter Engel in der Not, und fand sehr viel zu thun, denn bald lagen, Bruder Redslob ausgenommen, alle Glieder der Missionsfamilie schwer am Typhus danieder. Der Jammer und die Krankheitsnot war wirklich groß, zumal sich der Zustand von Bruder Marx noch verschlimmerte, und derselbe in die Redslob'sche Wohnung aufgenommen werden mußte, schon wegen Schwester Marx, die selbst vom Typhus ergriffen, in diesen Tagen des tiefsten Elends noch eines Söhnleins genas, welches aber nach zwei Tagen wieder entschlief. Man muß wirklich sagen, ohne diesen sich ganz aufopfernden Dr. Thorold, der Bruder Shawe's Verpflegung und Besorgung ganz allein übernahm und auch die anderen Kranken nach Kräften mit bediente, wären die schweren Tage kaum durchzumachen gewesen, und beständig werden sich die aus der damaligen Krankheit Genesenen, und überhaupt die Brüdermission, diesem edlen Mann zu Dank verpflichtet fühlen, der eine äußere Entschädigung anzunehmen nicht zu bewegen war.

Bei Bruder Marx kam zu dem Typhus noch eine Lungenentzündung hinzu, die am 29. Mai seinem Leben ein Ende machte. Auch Schwester Redslob war dem Tode nahe, und so lag die ganze Sorge und Last der Krankheitsnot auf den Schultern ihres Gatten, der schon durch ein längeres unheilbares Nierenleiden geschwächt war und daher im Herbst mit Frau und Tochter nach Deutschland zurückkehren wollte. Außerdem steckte aber jetzt auch schon der Typhus in ihm, und er konnte sich kaum mehr aufrecht erhalten. Dennoch ließ er es sich nicht nehmen, seinen heimgegangenen Kollegen zur letzten Ruhestätte zu begleiten. Als er aber am Grabe einige Worte der Liebe und Ermahnung sprechen wollte, brach er förmlich zusammen und mußte sich auf den Sandhügel niederlassen, und als er Gebet und Segen sprach, stützten ihn drei der anwesenden Christen.

Zum Tode schwach kehrte er in seine Wohnung zurück, besorgte noch die nötigste Korrespondenz wegen des Heimgangs seines Kollegen und wurde in den nächsten Tagen von dem nun in voller Stärke ausbrechenden typhösen Fieber verzehrt, bis am 7. Juni sein letztes Stündlein schlug und er in die ewigen Friedenswohnungen seines Herrn eingehen konnte, dem er treu gedient hatte. Seine Gattin, obwohl noch sehr schwach konnte ihm doch noch die letzten Liebesdienste erweisen, ihn einsegnen und ihm die Augen zudrücken. Auf ihr lagen nun auch noch die äußeren Angelegenheiten und die schmerzlichen

Christliche Frauen in Tibet.

Vorbereitungen zum Begräbnisse. Sie leitete auch die Beerdigung, indem sie sich in einer Sänfte zum offenen Grabe tragen ließ und auf einem Stuhle Platz nahm. Samuel, einer der Christen, der dem Verstorbenen nahe gestanden hatte, las die Begräbnislitanei und sprach ein warmes, inniges Gebet, in welchem er auch um reichen Trost für die tief gebeugte und betrübte Witwe flehte. Auch sonst erfuhren die beiden Witwen in diesen schweren Tagen von allen Seiten viel Liebe und Teilnahme, und besonders die Christen bewiesen durch ihr liebevolles Mittragen und Beten, daß sie wahre Christen, nicht nur Namenchristen geworden waren. Doch auch die Teilnahme der Nichtchristen war wohlthuend, und ein schönes Zeichen von der allgemeinen Achtung und Liebe, die der Verstorbene genossen, war die Vertretung fast der ganzen Stadt beim Begräbnis. Auch Dr. Thorold und Captain Bower fehlten dabei nicht.*) Bruder Shawe aber konnte bei der Beerdigung nicht anwesend sein, da er noch krank daniederlag. Sein Schmerz jedoch und seine Trauer um den Heimgegangenen war aufrichtig und ging tief, denn er hatte einen geliebten Amtsbruder und einen väterlichen Freund verloren, der ihn gar liebevoll aufgenommen und in das Werk eingeleitet hatte.

Seine Betrübnis war aber gering im Vergleich mit dem unbeschreiblichen Weh, welches so plötzlich über die liebende Gattin gekommen war. Sie stand mit der auch von so großem Leid betroffenen Schwester Marx wie niedergeschmettert an den frischen Grabhügeln und fand nur Trost in der ihr dennoch und trotz allen Leides ewig gewissen Liebe ihres Heilandes.

---

*) Ein Beispiel von der Achtung, welche Bruder Redslob überall genoß, erzählt die Reisende Mrs. Bishop in ihrem Buch „Among the Tibetans." Sie reiste nämlich mit demselben in das Nubrathal in der Karakorumkette und fragte einen Klostervorsteher, ob sie denn in dieser abgelegenen Gebirgseinöde ungefährdet weiter reisen könne; und er antwortete: Wenn du mit diesem Manne zu uns kommst, so bist du überall sicher.

Ein Buddhistenkloster in Ladak.

Schwer war aber auch das ganze Missionswerk in Leh durch den Heimgang der beiden Missionare getroffen. Zwar Bruder Redslob wollte ja wegen seiner geschwächten Gesundheit nach einigen Monaten Leh verlassen, aber er wäre doch noch einige Zeit helfend und ratend da geblieben und gedachte ja auch in der Heimat die Bibelübersetzung weiter fortzuführen. Der Tod von Bruder Marx bedeutete aber zunächst einen unersetzbaren Verlust, denn man hatte keinen Missionsarzt, der seine Stelle hätte einnehmen können, und seine ausgedehnte und hoffnungsvolle Thätigkeit war nun mit einem Schlage unterbrochen, und die Brüdermission verlor das Hospital und die Armenapotheke und Heilanstalt und damit den segensreichen Einfluß auf einen großen Teil der Eingeborenen. Außerdem galt aber auch Bruder Marx für sehr sprachbegabt und hätte vielleicht später noch mancherlei für die tibetische Sprache leisten können.

Hören wir nun, wie die entstandenen Lücken zunächst ausgefüllt wurden.

Als die erschütternden Todesnachrichten nach Kyelang gelangten, war daselbst gerade Bruder Weber mit seiner Familie angekommen, um den nach Pu abgereisten Bruder Schreve zu ersetzen. Nun wurde aber natürlich der Plan geändert und Bruder Weber für Leh bestimmt, wohin er sich schon im August begab.

Einen Ersatz für Bruder Marx fand man erst im nächsten Jahr, in einem Dr. Jones, von englisch-indischer Abkunft, dessen Thätigkeit aber nicht lange dauerte, denn er war mit seiner Frau so dem Opiumgenuß ergeben, daß er als Arzt unzuverlässig war und den Eingebornen ein zu schlechtes Beispiel gab und also schon 1893 wieder entlassen werden mußte.

Die Krankenbehandlung konnte nun nur noch in sehr beschränkter Weise von Bruder Shawe ausgeübt werden, der sich etwas in die ärztliche Praxis hineingearbeitet hatte; und die Krankenpflege im Hospital übernahm eine Ende 1893 angekommene Diakonissin aus der Brüdergemeine, Schwester Kant, welche auch Schwester Weber in der in Leh angefangenen Arbeit unter den mohammedanischen Frauen der Stadt unterstützte.

Leider hatte ein zugleich mit Schwester Kant abgereistes Missionspaar, Bruder und Schwester Bourquin, seinen Bestimmungsort gar nicht erreicht, weil Bruder Bourquin unterwegs schwer erkrankte und in Alexandrien landen mußte, und so mußten die Brüder Weber und Shawe das Werk in Leh allein weiter fortführen und konnten nicht an früher schon geplante Erweiterungen desselben gehen. In Leh gab es aber doch einigen Fortschritt. Ein 1893 getaufter Lehrer, der auch den Namen Paulu erhielt, wie jener wackere Lehrer und Evangelist in Pu, war sehr tüchtig in seinem Amte und wird vielleicht später noch ein brauchbarer Gehilfe im Missionsdienst werden. — Von der Regierung konnte man endlich, nach langem vergeblichen Bitten und Drängen, ein schon längst notwendiges, geräumiges Wohnhaus gebaut bekommen, welches 1894 vollendet wurde. — Bruder Shawe konnte dadurch das Interesse der Leher Bevölkerung auf christliche Gegenstände lenken, daß er in stark besuchten Versammlungen vermittelst einer Zauberlaterne Bilder aus dem Leben Jesu zeigte und Erklärungen und kleine Ansprachen beifügte, denen auch die höchsten Beamten des Ortes zuhörten. — Schwester Weber setzte ihren Senanadienst eifrig fort, der von den mohammedanischen Frauen sehr geschätzt wurde, und durch welchen sie auch manche Krankheitsnot und anderes Elend lindern, guten Rat erteilen und auf die rechte Heils- und Segensquelle hinweisen konnte.

Aber das Maß der schweren Erfahrungen war für die Station Leh auch noch nicht voll. Ende 1894 verließ der sich an der Missionsarbeit mit solcher Angelegenheit beteiligende Bruder Shawe, aus nicht bekannt gegebenen Gründen, Leh für immer und begab sich nach England zurück. Dafür trat zwar in demselben Jahr der früher in der Goßnerschen Kols-Mission angestellte Missionar Bruske ein, aber am Schluß des Jahres erlitt das Missionswerk in Leh wieder eine neue gewaltsame Unterbrechung durch schwere Krankheitsnot. Der ohnedies in seiner Gesundheit sehr geschwächte Bruder Weber wurde nämlich, wie seine Vorgänger 1891, von einem heftigen typhösen Fieber ergriffen und an den Rand des Grabes gebracht. Zwei Wochen lag er ohne Bewußtsein da und war schon aufgegeben. Aber der Herr erhörte die Gebete, die für seine Genesung aufstiegen und gab ihm wie durch ein Wunder neue Kräfte, so daß er die schon früher bestimmte Erholungsreise nach Europa im September antreten und vorher noch die zum Ersatz aus Kyelang eintreffenden Missionsgeschwister Ribbach empfangen konnte.

Während der schweren Krankheit Bruder Webers zeigte es sich übrigens auf recht erfreuliche Weise, wie sehr er in Leh die Liebe und Achtung auch der nichtchristlichen Einwohner gewonnen hatte. Tagtäglich kamen nämlich Hohe und Niedrige zum Missionshaus und erkundigten sich nach dem Befinden, und als er der Genesung zuging, war die Freude darüber eine allgemeine.

Möchte nur der jetzt in den deutschen Brüdergemeinen weilende und sich erholende Missionar so gekräftigt werden, daß er noch einmal mit neuem Mut ins obere Industhal gehen und die an ihn so anhänglichen Ladaki mit dem Wort des Lebens bedienen könnte!

Auch in Leh hatten die Missionare früher an eine Erweiterung des Werkes und Gründung einer Station weiter westlich im oberen Industhal gedacht. Da stößt nämlich an Ladak der ziemlich stark bevölkerte Distrikt Baltistan, mit einer mohammedanischen aber Tibetisch redenden Einwohnerschaft, welche zum Teil auswärts, in Kaschmir, Simla und dem Pandschab ihr Brot suchen muß, weil die Thäler Baltistan's überfüllt sind und ihre Bewohner nicht nähren. In dieses Gebiet einzudringen und sich zunächst in Skardo, dem Hauptort desselben, niederzulassen, waren die Brüdermissionare auch schon von den englisch-kirchlichen Missionaren in Srinagar aufgefordert worden. Die schmerzlichen Todesfälle in Leh und andere die Missionsarbeit daselbst unterbrechende Ereignisse hatten aber die Ausführung des Planes nach Skardo zu gehen verhindert, und außerdem haben auch unterdessen Missionare von der in Sikkim stark vertretenen skandinavischen Mission unter den Balti zu arbeiten angefangen, und man hat daher jetzt gar nicht mehr die Absicht in Baltistan ein neues Werk zu beginnen.

Wenn aber die neu nach Leh berufenen Missionare erst einige Erfahrung gesammelt haben werden, wird vielleicht und hoffentlich auch von Leh, wie von Kyelang und Pu aus, eine Zweigstation gegründet werden, sei es nun in dem Indus- oder dem ziemlich abgelegenen Nubrathal, oder in dem auf dem Wege von Kaschmir nach Leh durchreisten Distrikt Purig. Skardo und das südlich vom Indus gelegene Baltistan stehen auch noch den Brüdermissionaren offen, da nur die Thäler nördlich vom Indus von den Skandinaviern besetzt sind.

Rückblick und Vorausblick.

Nachdem wir nun die Entstehung, den Fortgang und den jetzigen Bestand der drei Himalaya-Stationen einigermaßen kennen gelernt haben, was wird da unser Gesamturteil über dieses Missionswerk sein, durch welches in 40 Jahren kaum 100 Christen in drei kleinen Gemeinen gesammelt werden konnten? Werden wir dasselbe wegen dieses geringen Erfolges für ein verfehltes halten und meinen, die daselbst thätigen Kräfte müßten lieber wo anders verwendet werden?

Wenn wir die Sache genau prüfen und billig beurteilen, so werden wir das doch nicht thun können, denn wir werden erstens erwägen, daß die treu arbeitenden und geduldig ausharrenden Missionare nicht nur drei kleine Gemeinen gesammelt, sondern auch durch Verbreitung von Tausenden von Schriftteilen und christlichen Schriften fast in ganz Tibet, unter einer meistens des Lesens kundigen Bevölkerung, den Samen des Evangeliums ausgestreut haben, welcher gewiß hier und da aufgehen und sich zur Frucht entwickeln wird, wenn dieselbe vielleicht auch nicht durch Missionare der Brüdergemeine gepflückt werden sollte.

Dann müssen wir aber auch bedenken, daß die geringe Anzahl der gewonnenen Christen sich einigermaßen erklärt durch den hartnäckigen Widerstand der den fünften Teil der Bevölkerung ausmachenden und das ganze Volk in Knechtschaft haltenden Lamaschaft; ferner durch die große Vorsicht und

Zurückhaltung der Missionare in der Annahme zum Unterricht und zur Taufe, indem gar mancher nur wegen äußeren Vorteils kommende Buddhist und mancher unlautere sich meldende Lama-Strolch abgewiesen wurde; und endlich durch die geringe Einwohnerzahl des West-Himalayagebietes, denn wo es überhaupt wenig Menschen giebt, da können auch verhältnismäßig nur wenige Christen werden.

Ganz Lahul hat nicht viel über 6000 Einwohner; im oberen Sotledschthal hatten die Missionare bisher mit kaum 1000 Menschen zu thun; die Einwohnerschaft von Leh beträgt 3000, und wenn wir etwa noch 10000 Ladaki dazunehmen (d. h. etwa ein Drittel der Einwohnerschaft der Provinz Ladak), so arbeiteten die Missionare unter etwa 20000 Menschen, und von diesen wandten sich fast 100, d. h. ein halbes Prozent, dem Christentume zu. Wären von den 250 Millionen Bewohnern Ostindiens ebenso viele Christen geworden, so müßte es daselbst $1^{1}/_{4}$ Millionen evangelische Christen geben, was nicht der Fall ist, da noch lange nicht 1 Million erreicht ist, obgleich die Mission daselbst viel länger als 40 Jahre besteht.

Will man also die Erfolge der West-Himalaya-Mission nach anderen Missionsgebieten und nach der Missionsstatistik beurteilen, so kann man bei ihr kaum mehr Christen erwarten, als sie aufzuweisen hat. Aber die Brüder-Missionare wollen gar nicht bloß statistisch beurteilt sein. Sie geben gern zu, daß sie nicht viel ausgerichtet haben, oder jedenfalls weniger als sie auszurichten gewünscht hätten; aber sie glauben doch, bei aller Erkenntnis ihrer Schwächen und Fehler, die Anerkennung beanspruchen zu dürfen, daß sie so ziemlich gethan haben, was sie konnten.

Was sind aber nun die wahrscheinlichen Aussichten der

West-Himalaya-Mission für die Zukunft? Wir neigen uns der Meinung zu, daß sie nicht so ungünstig sind, denn schon die in Angriff genommene Gründung von neuen Stationen und die damit beginnende Arbeit in volkreicheren Gebieten erweckt neuen Mut und Eifer bei den Missionaren und neue Hoffnungen und gesteigerte Teilnahme bei den Missionsfreunden, und wir sind der Zuversicht, daß der Herr dieser Mission auch noch Zeiten der Erquickung und des Gedeihens geben wird, nachdem er sie vielfach in die Tiefe geführt und seine Segenshand zurückgezogen hat.

Jesus Christus, so schreibt der Veteran der Himalaya-Missionare, ist der rechte Siegesheld und Überwinder. Er ist stärker als der ganze Lamaismus und als alle Mächte der Finsternis, mit denen wir hier zu streiten haben, und er wird auch uns noch zum Siege verhelfen.

Wir möchten nun noch ganz kurz die Frage erörtern, ob Aussicht ist, daß die Brüder-Missionare noch einmal ungehindert werden nach Tibet gehen und daselbst Mission treiben können, oder ob sie Tibet definitiv aufgeben müssen, wie sie schon längst die Mongolei aufgegeben haben.

Die Ansicht der auf diesem Gebiete Kundigen geht wohl dahin, daß Tibet doch wahrscheinlich in nicht allzu langer Zeit für die Europäer geöffnet werden wird, und wenn die Annahme von Miß Taylor richtig ist, daß die chinesische Regierung jetzt Tibet hauptsächlich nur noch wegen des Handels, und zwar besonders wegen des Theehandels,*) verschlossen hält, so darf

---

*) Aus China wird jährlich für 7 Mill. M. Thee in Tibet eingeführt, und jetzt schon wird dieser Einfuhr durch den in Assam und Sikkim gebauten Thee eine ziemliche Konkurrenz gemacht, die sich natürlich durch völlige Öffnung Tibets noch bedeutend vergrößern würde.

man gewiß hoffen, daß die englische Regierung bald einmal energisch auf das Aufhören dieser ganz unzeitgemäßen Abschließung dringen wird.

Gesetzt aber auch Tibet würde geöffnet, wird das der jetzigen Brüder-Mission im West-Himalayagebiet großen Vorteil bringen? Wir glauben das nicht; denn der ganze Westen Tibets ist sehr schwach bevölkert und größtenteils so hoch gelegen, daß die Bewohner der meisten Orte sich im Winter in tiefer gelegene Einsenkungen flüchten, die ein etwas milderes Klima haben. Selbst Gartok, der Hauptort des Westens, ist im Winter völlig menschenleer. Die Einwohnerschaft siedelt dann nach Gargunsa über, welches doch wenigstens 1000 Fuß niedriger liegt.*) Ob aber ein so beschaffnes Land sich als Missionsfeld eignet, ist doch sehr fraglich. Durch das ungeheure Gebiet des Westens aber in monatelanger Reise in das dichtbevölkerte Sangpo- (Brahmaputra-) Thal und dessen volkreiche Seitenthäler einzudringen, ist ganz unthunlich, und wenn man auch mit vielen Kosten dahin gelangen kann, so könnte doch ein daselbst angefangenes Missionswerk nicht vom Westen aus unterhalten und fortgesetzt werden.

Wollte also die Brüdergemeine eine künftige Eröffnung Tibets für die Mission richtig benutzen, so müßte sie ein ganz neues Missionswerk beginnen und könnte nur von Sikkim oder Assam aus in den bewohnten Teil von Tibet vordringen,

---

*) In den nordöstlich von Gartok und über 16 000 Fuß hoch gelegenen Goldfeldern von Tokdschalung wird zwar auch im Winter, und sogar fast nur im Winter gearbeitet, aber das geschieht, weil das sehr brackige, im Sommer ungenießbare Wasser dieser Gegend durch das Gefrieren verbessert wird; auch schlagen die Goldgräber, um nicht zu erfrieren, ihre Filzzelte in mindestens 8 Fuß tiefen Gruben auf

in Gemeinschaft mit den schottischen, skandinavischen, tibetischen und Pionier-Missionaren (oder Missionarinnen), die jetzt schon in Sikkim unter den Leptschas und den Tibetisch redenden Grenzbewohnern arbeiten, oder wie Miß Taylor und Miß Ferguson, im tibetischen Tschumbithal die Bewohner dieses Thales und die Leute der Handelskarawanen ärztlich bedienen und mit tibetischen Evangelienbüchern und Spruchkarten*) versehen.

Doch machen wir weiter keine Pläne und Vorschläge für eine ungewisse Zukunft! Lassen wir, wie die Brüder-Missionare, für jetzt Tibet ganz aus dem Spiel, und freuen wir uns, daß die Missionare im West-Himalaya jetzt in der Nähe ihrer alten Stationen, neben ihrer schon bisherigen, reichliche neue Arbeit finden werden, für welche wir ihnen Gottes reichen Segen wünschen.

*) Diese schön ausgeführten, zum Verteilen sehr geeigneten Spruchkarten werden auch von den Brüder-Missionaren im West-Himalaya angewendet. Mrs. Grimke in Manchester läßt davon in 70 verschiedenen Sprachen jährlich fast eine Million im Kunstverlage von E. Kaufmann in Lahr (Baden) herstellen und versendet sie in alle Missionsgebiete. Die tibetischen Spruchkarten bringen natürlich die Jäschkische Übersetzung der Evangelien.

www.ingramcontent.com/pod-product-compliance
Lightning Source LLC
Chambersburg PA
CBHW020421230426
43663CB00007BA/1267